Singleleben

Die vorliegende Untersuchung basiert auf der Magisterarbeit „Als Single leben. Beobachtungen zum Wandel der Geschmackskultur" (2000) an der Johann Wolfgang Goethe-Universität Frankfurt am Main. Sie wurde im Jahr 2006 durch aktuelle Zeitungs- und Literaturrecherchen erweitert. Mit der Veröffentlichung der Arbeit möchte die Autorin ihren Hochschullehrern und Gutachtern, Herrn Prof. Dr. Heinz Schilling und Frau Prof. Dr. Gisela Welz am Institut für Kulturanthropologie und Europäische Ethnologie ihren ganz besonderen Dank aussprechen.

Zur Autorin

Elke Wehrs, Dr. phil., ist Erziehungswissenschaftlerin, Kulturanthropologin und Europäische Ethnologin. Ihre Themenschwerpunkte liegen in der Literatur und der Psychoanalyse. Sie lebt in der Nähe von Frankfurt am Main und arbeitet als freie Autorin.

Publikationen:

Ein ehrenwertes Haus. Schlager zwischen Realität und Illusion. In: Heinz Schilling (Hg.): Nebenan und Gegenüber. Nachbarn und Nachbarschaften heute (Kulturanthropologie NOTIZEN 59). Frankfurt am Main 1997, 47-79

Etwas fürs Herz. Facetten einer ungewöhnlichen Nachbarschaft (zusammen mit Peter Klös). In: ebd., 149-167

Ein Haus taucht aus der Geschichte auf. Der Poelzig-Bau zwischen Macht-Monument und zukünftigem Lern-Ort (zusammen mit Susanne Bisgaard). In: Ina-Maria Greverus u.a. (Hg.): Frankfurt am Main: Ein kulturanthropologischer Stadtführer (Kulturanthropologie NOTIZEN 62), Frankfurt am Main 1998, 81-98

Verstehen an der Grenze. Erinnerungsverlust und Selbsterhaltung von Menschen mit dementiellen Veränderungen (Inauguraldissertation 2005). Voraussichtliches Erscheinungsjahr 2006 in der Reihe Frankfurter Beiträge zur Erziehungswissenschaft Monographien

Elke Wehrs

Singleleben

Einsichten in Lebenskonzepte und Lebenswelten von Singles

Bibliographische Information Der Deutschen Bibliothek:
Die Deutsche Bibliothek verzeichnet diese Publikation in der
Deutschen Nationalbibliografie; detaillierte bibliografische Daten
sind im Internet über http://dnb.ddb.de abrufbar.

ISBN-10: 3-8334-5536-5
ISBN-13: 978-3-8334-5536-0
© 2006 Elke Wehrs
Umschlaggestaltung und Satz: Heinz-Günter Rau, Obertshausen
Titelbild: Michaela Wehrs, Hanau-Steinheim
Herstellung und Verlag: Books on Demand GmbH, Norderstedt

Inhalt

1 Der Einstieg

Japanischer Abend bei meiner Freundin Karin. Ein flacher Tisch, Sitzkissen, Essstäbchen; fernöstliches Flair in einem deutschen Wohnzimmer. Es gibt Sushi und Reiswein. Hans kennt Sushi nur aus dem Fernsehen: „Ich bevorzuge gute Hausmannskost, wie ich es von meiner Mutter zu Hause kenne." Karin freut sich: „Schön, dass ich mal wieder so richtig mit Freunden zusammen sitzen und genießen kann, weil es für mich alleine die ‚schnelle Küche' gibt. Seit ich Single bin, esse ich meistens so ganz nebenbei, während der Fernseher läuft."

Hanna erzählt von der „Fisch sucht Fahrrad"-Party in Frankfurt am letzten Samstag: „An der Wandtafel mit den Kontaktanzeigen hatte einer meine Nummer notiert, aber ich sah schon von weitem, dass das nicht mein Typ war, riss mir den Aufkleber vom Kragen und versteckte mich im Gewühl der Tanzenden." Karin hat es mit Kontaktanzeigen versucht. „Ich habe ganz präzise Vorstellungen von meinem Traummann: cool und witzig, schön und intelligent." Sie sucht seit zwei Jahren, bleibt aber weitgehend allein. Hans sucht nichts von Dauer. „Dazu bin ich beruflich zu eingespannt. Zusammenleben ist nicht mein Ding", meint er. „Einer muss sich aber um die Kinder kümmern", erwidert Verena, „und zu Hause bleiben."

Klaus und Verena sind seit zehn Jahren verheiratet. Verena beneidet die Singles um ihre Freiheit, Klaus spricht von der Einsamkeit im Alter. Frank, der heute ohne Freundin gekommen ist, erzählt von den Steuernachteilen, die ein Single hat. „Was ein Single ist, weiß hier im Ballungsraum Frankfurt jeder", meint Hans. „Allerdings", so stelle ich fest, „definiert ihn jeder anders." „Single kann man auch in einer Ehe sein, wenn man immer alleine zu Hause rumsitzt", sagt Verena. „Single ist man, wenn man keinen festen Freund hat", meint Hanna.

„Wie viele Einpersonenhaushalte es inzwischen in Deutschland gibt, weiß ich nicht, aber dass es immer mehr werden, die im bevorzugten Heiratsalter zwischen 25 und 45 schon wieder geschieden oder immer noch ledig sind, das beobachte ich im Bekanntenkreis", weiß Klaus. „Singles hat es schon immer gegeben", meint Hanna, die Bücherfreundin, „das kannst Du doch in Romanen nachlesen."

Frank hat im *Spiegel* gelesen, dass „die Sehnsucht nach Freiheit und individuellen Lebensstilen immer mehr Menschen in die Großstädte lockt". „Dass Singles zu leben verstehen, sieht man ja in den Berichten über den Christopher-Street-Day oder die Loveparade", meint Verena, „Christopher-Street-Day, das ist eine Art Szenekarneval im Mekka der Homosexuellen.

Die Loveparade ist die Kultveranstaltung schlechthin, das Single-Woodstock der 90er."

Unser Gespräch dreht sich um das Geschäft mit Spezialdienstleistungen für Singles. Partner- und Freizeitagenturen, Fernsehsendungen, Volkshochschulen, die das Singleleben lehren, Salsa-Diskotheken, Tanzschulen, XXL-Restaurants. „Auch mein Naturkostladen hat das Angebot um Single-Produkte erweitert", klärt mich Hanna auf, „neuerdings bietet er Single-Brote an."

Wieder allein, klingt das Gespräch in mir nach. Als Kulturwissenschaftlerin und Europäische Ethnologin bin ich immer auf der Suche nach einem neuen Forschungsfeld. Ich überlege mir: Ein Single ist für mich ein Mensch, der sich selber als Single bezeichnet und seinen Alltag alleine bewältigt. Aber wie macht der Single das? Einkauf, Kochen, Wäsche, Reparaturen, wie bewältigt man (frau) das alleine. Ein Klischee taucht für mich auf, Frauen können kochen, Männer reparieren. Was tun, wenn man nicht das „know how" dazu hat. Da bleibt die Weiterbildung. Werden die angesprochenen, für Singles konzipierten Veranstaltungen tatsächlich vorwiegend von Singles besucht, oder gehen sie gerade dort nicht hin, um nicht in die Schublade gepackt zu werden: hier sind nur Singles! Was macht ein Single in seiner Freizeit, in seinem Urlaub? Hat er Freunde für „alle Lebenslagen"? Wie trifft er Leute mit gleichen Vorlieben? In Bars oder Gaststätten, beim Sport, oder sucht er Gleichgesinnte per Kontaktanzeige? Gibt es Berufe, in denen es von Vorteil oder Nachteil ist, Single zu sein?

Meinem Initialgespräch habe ich entnommen, dass Singles ihre privaten Erfahrungen präsentieren und um öffentliche Meinungen, die sie aus den Medien gewonnen haben, erweitern. Dabei wurden die Bereiche Partnersuche, Alltagsbewältigung, Diskrepanz zwischen Beruf und Familie angesprochen.

Singles hat es schon immer gegeben. Wie stellen Schriftsteller als Zeitzeugen das Leben der Singles dar? Das gesellschaftliche Bild über Singles hat sich gewandelt. Heute wird Singles in den Medien ein besonderer Lebensstil nachgesagt. Es geht dabei um eine egozentrische Lebensweise, die sich nur auf das Leben im „Hier und Heute" bezieht. Haben tradierte Werte wie Nachbarschaft oder Familie keine Bedeutung mehr für sie?

Was bietet der Markt dem Single an? Der Arbeitsmarkt schafft ihm die ökonomischen Voraussetzungen – von ihm ist er abhängig. Der Freizeitmarkt will ihm seine sozialen Kontakte sichern, durch Zeitungsanzeigen oder durch Kontakt-Partys. „Spezialdienstleistungen" werden für Singles konzipiert. Institutionen, z. B. Volkshochschulen (VHS), werben damit, dass sie sein Wissen erweitern und ihm damit die Alltagsbewältigung erleichtern.

Zwei Tage später sitze ich wieder am Schreibtisch und überlege mir meine Vorgehensweise. Zunächst möchte ich die Begriffe *Single* und *Lebensstil* näher bestimmen. Aus den für die Untersuchung relevanten Lebensstiltheorien entwickeln sich meine Fragestellungen. Schriftsteller und ihre Protagonisten spiegeln den Zeitgeist der letzten hundert Jahre. Ich vergleiche allein lebende Protagonisten in Romanen, um geänderte Normen und Verhaltensweisen zu verdeutlichen. Das *populäre* Bild über die Singles entnehme ich den Medien. Im empirischen Teil besuche ich Kochkurse und Events in Frankfurt und Umgebung, die für Singles konzipiert wurden. Die Kommunikation mit den Singles suche ich zudem in ihrer Heimwelt. Einstellungen und Ausstattungen ergeben Einblicke in die Welt der Singles.

Bei einem kulturanthropologischen Projekt, so habe ich beim Projekt „Nachbarn und Nachbarschaften" am Institut für Kulturanthropologie und Europäische Ethnologie von meinem Projektleiter Heinz Schilling erfahren, „steht immer alles zur Disposition" (Schilling 1997, 9). Und so möchte ich mich auch meinem Feld, den Lebensstilen von Singles nähern: als mein *Ein-Frau-Projekt*, bei dem zunächst alles zur Disposition steht. Singles erweisen sich erst einmal, genau wie Nachbarn, als ein unbegrenztes Feld der Wahrnehmung. Für Kulturanthropologen ein ideales Terrain, um die Erfahrungen anderer kennen zu lernen, sie voneinander zu unterscheiden, sie miteinander zu vergleichen und menschliche Handlungs- und Bedeutungswelten, als signifikante Teile des Prozesses Kultur, zu erforschen, zu analysieren und in den eigenen Erfahrungsvorrat aufzunehmen.

Begriffsbestimmung „Single"

In der alltäglichen Verwendung ist der Begriff des Singles nicht eindeutig. In der wissenschaftlichen Literatur ist die Begriffsdefinition immer eng an das jeweilige Forschungsinteresse gekoppelt. Wenn von „Singles" die Rede ist, sind unterschiedliche Personen, verschiedene Gruppen oder Sachverhalte gemeint. Die Forschungsergebnisse über Singles stammen aus unterschiedlichen Forschungskontexten, deren Erkenntnisstand, Forschungsinteresse und Fragestellung die Perspektiven bestimmen: Partnerlosigkeit (Beziehungsaspekt), Familie (sozio-biologischer Aspekt), Single-Identität (sozialpsychologischer Aspekt), Familienstand (rechtlicher Aspekt), Alleinwirtschaften und Alleinwohnen (sozio-ökonomischer). Jeder dieser Aspekte beleuchtet die Lebensführung der Singles unter einem anderen Gesichtspunkt (vgl. Kittlaus 1999). Das gemeinsame Ergebnis ist, dass die Lebensführung der Singles nicht dem Bild der „Normalfamilie" entspricht, von der die wissenschaftlichen Kategorienbildungen geprägt sind. Singlesein wird zur Kontrastfolie, ist mehr oder weniger abweichende Lebensform.

Im etymologischen Wörterbuch lese ich, dass der Begriff Single vom lateinischen Wort „singulus" stammt und einzeln, ein Einziger, einer allein bedeutet (Kluge 1995). Weitere Recherchen ergeben, dass der Begriff in den 70er-Jahren aus den USA kam und Ende des Jahrzehnts auch im deutschen Sprachgebrauch Eingang fand. Zunächst meinte man vor allem jene Gruppe der großstädtisch, gutsituierten, erfolgsbewussten 25- bis 40-jährigen Singles, deren vornehmliche Orientierung an Beruf, Erfolg und Freizeit sowie am Leben mit wechselnden Sexualpartnern auch als Absage an die traditionellen Familien- und Sexualbindungen verstanden wurde. Ihr Lebensstil fand unter dem Stichwort „Yuppie" (young urban professional people) zeitweise auch in der Mode Beachtung. Auch der Begriff „Swinging Singles" meinte Leute, die, statt eine Familie zu gründen, bewusst und freiwillig alleine lebten.

Anders als ursprünglich intendiert, bezeichnet der Begriff „Single" heute Menschen mit unterschiedlichen sozialen Entwicklungen. Statistischen Aussagen zufolge nimmt der Anteil der jüngeren Alleinlebenden zu, man löst sich früher aus dem Elternhaus, heiratet andererseits später. Während der Anteil der Geschiedenen, getrennt Lebenden und Ledigen in der Altersgruppe zwischen 46 und 60 Jahren steigt, sinkt die Anzahl der Verwitweten in der gleichen Altersklasse. Im April 1997 gab es 13,3 Mill. Einpersonenhaushalte, das waren 35 % der 37,5 Mill. Privathaushalte. Während in Großstädten mit 100 000 oder mehr Einwohnern der Anteil aller Einzelhaushalte 44 % betrug, waren in ländlichen Gebieten mit unter 5000 Einwohnern nur 25 % Alleinlebende. In jedem fünften Einpersonenhaushalt lebte ein Single unter 30 Jahren (18 %), 44 % der Alleinlebenden waren zwischen 30 und 64 Jahren und 38 % hatten das 65. Lebensjahr vollendet. Eine halbe Million dieser Haushalte wurde aus beruflichen oder Ausbildungsgründen von Personen geführt, die einen weiteren Wohnsitz hatten. Im internationalen Vergleich lag der Anteil der Einpersonenhaushalte nur in den skandinavischen Ländern ähnlich hoch oder höher. Im Jahr 2003 waren 61,2 % aller allein lebenden Männer ledig. Bei Frauen waren es 33,7 % (vgl. Stat. Bundesamt 2006).

Die Zuordnung *Alleinlebender* erfasst zunächst nur die Lebensform in einem Einzelhaushalt. Der statistische Begriff *allein leben* sagt nichts darüber aus, wie jemand lebt und seinen Alltag gestaltet und verrät auch nicht, ob er freiwillig oder unfreiwillig alleine lebt, ob er Kinder hat, ob er vorübergehend oder permanent alleine seinen Alltag organisiert. Um Aussagen über die reale Lebenssituation des Singles zu erfahren, erscheint mir die Frage nach dem *Lebensstil* bedeutend. Es geht um Fragen nach Chancen oder Optionen, die das Leben als Single bietet und wie diese genutzt werden können.

Lebensstile in einer gesellschaftlichen Perspektive

Der Begriff des Lebensstils ist nicht neu. Schon Ende des 19. Jahrhunderts tauchen bei Max Weber die Begriffe „Lebensführung" oder „Stil des Lebens" auf. Sein „Genussmensch ohne Herz" oder „Fachmensch ohne Geist" (Weber 1972) ist eine Kritik an der modernen Lebensführung unter dem Aspekt der Wahlfreiheiten und Risiken. Dabei beschränkt er sich auf religiös geprägte, vormoderne oder traditionelle Lebensformen.

Für Thorstein Veblen (1986) geht es, unabhängig von Phänomenen der Klassenbildung, bei Ständen oder Statusgruppen um Ehre oder Prestige, die sich in spezifischen Lebensstilen niederschlagen. Er hebt die konstitutive Rolle der *Bildung* hervor, die einen „kultivierten Lebensstil" und die Pflege einer „gruppenbezogenen Tradition" generiert.

Georg Simmel interessieren die Konturen des modernen Lebensstils im Gegensatz zum traditionellen Stil. Bei ihm ist der Stil des Lebens „jene geheimnisvolle Formgleichheit innerer und äußerer Erscheinungen, die aus dem menschlichen Streben nach Identität entsteht" (Simmel 1977, 536). Nach Simmels Theorie wird unter der Dynamik des Geldes einerseits die objektive Kultur immer reicher, während die subjektive Kultur immer mehr verarmt. Andererseits steht, durch das immer größer werdende Stilangebot, der Einzelne nicht mehr unter dem inhaltlichen Diktat eines Stils. Wahlfreiheit und Chance von personaler Autonomie stehen dem Zwang zur Individuierung als Charakteristikum des modernen Lebensstils entgegen.

Ina-Maria Greverus verweist auf den „anthropologischen Stilbegriff", der sich auf den sinnerfüllten alltagsweltlichen Lebensvollzug der Menschen bezieht. Er hat „sowohl in der philosophischen Anthropologie als auch in der empirischen Kulturwissenschaft enge Parallelen" (Greverus 1987, 141).

Lebensstilanalysen

Die heute in Illustrierten und Modemagazinen gebräuchlichen Darstellungen von *Lifestyle* hatten ihre Vorläufer in Amerika. Sie zeigen dem Konsumenten, was „in" ist, erklären Konsumentenverhalten aber nicht. Die ersten amerikanischen *Lifestyleanalysen* dienten der Konsumenten- und Marketingforschung.

Seit den 80er-Jahren gibt es in Deutschland Untersuchungen zum Lebensstil. Qualitative und quantitative Untersuchungen galten zuerst dem

Wahlverhalten und der Freizeit, es folgten politische Studien und Gemein-
destudien. Bei Gruppen wie beispielsweise den Punks, kleinen instabilen
Großstadtgruppen, interessierte die aktive Stilisierung ihres Lebens.

Innerhalb der Lebensstilforschung kam ein neuer Begriff auf, der des
„Milieus" (von frz. mi- „mitten" und lieu - von lat. locus - „Ort"). Er liegt
auch neueren Untersuchungen zu Grunde. Er schließt weitgehend gemeinsame Lebensbedingungen und ähnliche innere Haltungen mit ein, aus denen
sich ein gemeinsamer Lebensstil entwickelt.

Soziologische Theorietableaus

Für die vorliegende Untersuchung wurden drei soziologische Theorietable-
aus ausgewählt, die Lebensstile in einer gesellschaftlichen Perspektive erklären: die „Klassengesellschaft" (Bourdieu), die „Risikogesellschaft"
(Beck) und die „Erlebnisgesellschaft" (Schulze). Ergänzt werden sie durch
Analysen zu „Neuen sozialen Milieus" (Vester, von Oertzen, Geiling) und
einer kulturanthropologischen Studie zu „Städtischen Wohn- und Lebensstilen" (Katschnig-Fasch, 1998).

Die Klassengesellschaft

1979 erschien in Paris Pierre Bourdieus Studie „La distincion", die 1982 unter dem Titel „Die feinen Unterschiede" auch in Deutschland veröffentlicht
wurde. Bourdieus Verstehen von Lebensstilen stellte eine Wende für die hu-
manwissenschaftliche Konstruktion von Gesellschaftsbildern dar. Durch
seine Sichtweise wurde es möglich, Gesellschaft über empirisch untermau-
erte Modelle vorstellbar und als Prozess ein Stück weit verstehbar zu machen (vgl. Schilling 1999, 125).

Lebensstil bei Bourdieu ist „Produkt des Habitus". Klassenspezifisch
verinnerlichte und unbewusste Logik, die sich symbolisch z. B. im Mobiliar, in der Esskultur und in der Sprache ausdrückt.

Nach Bourdieu gibt es drei Klassen: Die Bourgeoisie hat den „legitimen"
Geschmack, das Kleinbürgertum versucht sich daran zu orientieren, die Arbeiter haben den „Notwendigkeitsgeschmack". Durch Distinktionsmechanismen grenzen sich die oberen Klassen von den unteren ab. Der von Bourdieu eingeführte Begriff des Habitus meint ein System von Dispositionen,
die fest im Menschen verankert sind und auch in einem veränderten Umfeld
fortwirken. Bourdieu eruierte in den Jahren 1963 – 1968 bei über 1000 Personen in Paris und in der Provinz Geschmackspräferenzen und allgemein
ästhetische Einstellungen u. a. in Einrichtung, Kleidung, Essen, Freizeitbeschäftigung, Mediennutzung.

12

Bourdieu bediente sich nicht einer starren Schichteinteilung, sondern der in Frankreich gültigen Klassen. Nach seinem Modell ist die Sozialstruktur einer Gesellschaft als vertikale Schichtung von Statusgruppen mit subjektiver Wertschätzung sozialer Akteure zu verstehen, aus der sich eine Prestigehierarchie konstituiert. Sie beruht darauf, dass in der Struktur des sozialen Raums eine Differenz angelegt ist, die auf dem zur Verfügung stehenden „Kapital" (Bourdieu 1982, 36 ff) eines Menschen beruht.

> Das ökonomische Kapital bezieht sich auf Einkommen und Besitz und meint die materiellen Güter insgesamt.
> Soziales Kapital umfasst soziale Netzwerke und Beziehungen.
> Kulturelles Kapital betrifft Bildung, Geschmack und Lebensart.

Zwischen den symbolischen Formen der Lebensstile und den objektiven Klassenpositionen bestehen systematische Beziehungen. Bourdieu erklärt diese Homologie (vgl. Bourdieu 1982, 286) durch den *Habitus*, durch die in ihm angelegten ästhetischen Klassifikations-, Bewertungs- und Handlungsschemata, die einen Lebensstil bedingen. Habitus bedeutet Anlage, Haltung, Erscheinungsbild, Gewohnheit, Lebensweise. Bei Bourdieu kommen anthropologische Annahmen über die soziologisch fundamentalen Eigentümlichkeiten sozialer Akteure zum Tragen. Soziale Akteure sind mit sozialen Anlagen ausgestattet, die für ihre Praxis – und ihr Denken über die Praxis – konstitutiv sind.

Bei Bourdieu geht es um Gemeinsamkeit stiftende Abgrenzungsmechanismen und Distanzverhalten. Obgleich sich Bourdieus Untersuchung auf französische Verhältnisse bezieht und von „Milieus" bei ihm keine Rede ist, verdeutlicht seine Untersuchung Gruppenzugehörigkeit mit ihren Chancen und Einschränkungen.

Die Risikogesellschaft

Beck (1986) spricht von „ungleichen Konsumstilen (in Einrichtung, Kleidung, Massenmedien, persönlicher Inszenierung usw.), die aber – bei aller demonstrativer Unterschiedlichkeit – die klassenkulturellen Attribute abgelegt haben" (ebd. 125). Seine Individualisierungsthese besagt, dass in der „Risikogesellschaft" gesellschaftliche Handlungsräume nicht mehr durch Zugehörigkeit zu Klassen, Schichten oder Ständen geschaffen und strukturiert sind, sondern dass sich nun das Individuum selbst und bar dieser Vermittlungsinstanzen der Gesellschaft gegenübersieht. Die Stadt, thematisiert Beck, ist Ort einer Gesellschaft, wo zum ersten Mal in der Geschichte des Kapitals die Freisetzung von traditionellen Klassenbindungen möglich wurde. Grundorientierung der Thesen Becks ist die Eingebundenheit des Individuums in den Arbeitsmarkt, an dem nun auch Frauen partizipieren können. Damit wird die Basis der traditionellen Kleinfamilie erschüttert. Der Mann ist nicht mehr der Familienernährer, die Frau nicht nur in der Rolle der Hausfrau zu finden. Durch diese Gleichberechtigung muss die Frau eine eigene, von der Familienbindung unabhängige Biographie entwerfen.

Beck konstatiert, dass in der wohlfahrtsstaatlichen Nachkriegsentwicklung die sozialen Klassen enttraditionalisiert und aufgelöst wurden, dass aber umgekehrt „die Auflösung sozialer Klassen (Schichten) unter anderen Rahmenbedingungen – etwa der Massenarbeitslosigkeit – mit einer Verschärfung sozialer Ungleichheiten einhergehen kann" (ebd., 143). Bis in die 60er-Jahre herrschte das Konzept einer vertikalen Schichtung der Bevölkerung, das durch differenzierte Konzepte abgelöst wurde: Soziale Lagen, soziale Milieus, Lebensstile. Freisetzungsprozesse entstehen durch Herauslösung aus ständisch geprägten sozialen Lagen, Veränderung der Lage der Frauen, Flexibilisierung der Erwerbsarbeitszeit, Dezentralisierung des Arbeitsortes. Ein neuer Modus der Vergesellschaftung bedeutet neue Zwänge, Kontrollen und Standardisierungen. Kollektivschicksal wird in individualisierten Lebenslagen zunächst zum persönlichen Schicksal. Arbeitslosigkeit oder Armut betrifft nun nicht mehr eine Gruppe, Klasse oder Schicht, sondern das „Markt-Individuum".

Becks Individualisierungstheorie verläuft in drei Dimensionen: Der Freisetzungsdimension, der Entzauberungsdimension, der Kontroll- bzw. Reintegrationsdimension. Innerhalb der Freisetzungsdimension löst sich der Mensch aus traditionalen Sozialformen und –bindungen sowohl im Herrschafts- wie auch im Versorgungsbereich. Die Geschlechterrollenverteilung verliert ihre Gültigkeit. Durch die zunehmende Partizipation am Arbeits- und Bildungsmarkt sind auch Frauen den riskanten Freiheiten der nunmehr „doppelt individualisierten Gesellschaft" ausgesetzt. Mit dem Verlust von traditionellen Sicherheiten durch Handlungsorientierungen und leitende Normen ist die Entzauberungsdimension erfasst, in der Sinnzusammenhänge von den Individuen eigenständig generiert werden. Bisher in sich geschlossene Weltbilder werden aufgelöst, „die Entzauberung der Welt" zwingt die Gesellschaftsmitglieder zu einer „Bastelbiographie", ohne die Sicherung stabiler sozial-moralischer Milieus. Dadurch entsteht die Notwendigkeit einer Kontroll- bzw. Reintegrationsdimension, einer neuen Art der sozialen Einbindung des Menschen, die er nun in sozio-kulturellen Gemeinsamkeiten und Freizeitaktivitäten zu finden hofft.

Der Slogan der Vereinsamung von Individuen, der in den Medien im Zusammenhang mit dem Phänomen der Singles immer wieder auftaucht, wird von Beck anders interpretiert und bekommt für die vorliegende Untersu-

14

chung Bedeutung: „Individualisierung bedeutet nicht Vereinzelung, Vereinsamung, Singularisierung und nicht das Ende der Gesellschaft, sondern meint „erstens die Auflösung und zweitens die Ablösung industriegesellschaftlicher Lebensformen durch andere, in denen die einzelnen ihre Biographien selbst herstellen, inszenieren, zusammenschustern müssen" (Beck 1995, 190).

Die Erlebnisgesellschaft

Schulze sieht Bourdieus Habitustheorie für eine kultursoziologische Studie der Gegenwart als nicht mehr zeitgemäß an. Er baut auf Becks Theorien auf und stellt die Ausgangsfrage, ob es überhaupt noch Großgruppen gibt oder ob, durch die volle Entfaltung des „Erlebnismarktes", Individualisierung in ein finales Stadium eintritt. Für ihn sind in der „Erlebnisgesellschaft" (1997) Lebensstile von der Lust am Wählen bestimmt und eine Frage der Ästhetisierung und des individuellen Geschmacks.

Im Erhebungsgebiet Nürnberg interviewen Schulzes Mitarbeiter 1.014 Menschen. Sie gehen davon aus, dass alltägliches Wählen durch den Erlebniswert motiviert wird und Auswirkungen auf Essgewohnheiten, Beruf und Partnerwahl hat. Der Erlebnismarkt bietet dem modernen Menschen mehrere Handlungsmöglichkeiten an. Nach einer innenorientierten Sinngebung entscheidet dieser sich dafür, was er für sich als „schön" dekodiert hat. Hinter dem subjektiv als „schön" empfundenen, verbergen sich objektivierbare Deutungskriterien, wie Genuss, Distinktion und Lebensphilosophie.

Schulze beschreibt, nach welchen Merkmalen sich ein soziales Milieu konstituiert: Um sein Gegenüber wahrzunehmen und sich für es zu interessieren, gibt es signifikante Zeichen, die auf bestimmte Eigenschaften hinweisen. Wenn ein soziales Milieu entstehen soll, dann müssen diese Zeichen neben Signifikanz auch Evidenz aufweisen. Evidente Zeichen in der Erlebnisgesellschaft sind Stil, Alter (mit der Doppelbedeutung Lebensalter und Generationszugehörigkeit) und Bildung. Früher waren diese Zeichen in der Stellung im Produktionsprozess, im Lebensstandard, in der Umgebung und Religion zu sehen gewesen (vgl. Schulze 1997, 188-192). Schulzes Ergebnis sind quantitativ erhobene Milieus: das Niveaumilieu, Integrationsmilieu, Harmoniemilieu, Selbstverwirklichungsmilieu, Unterhaltungsmilieu.

Der „Erlebnismarkt" bietet den Singles spezielle Angebote wie Kochkurse oder Single-Partys. Tragen sie zur Entstehung eines „Milieus der Singles" bei? Gibt es nur noch die „Lust am Wählen" oder bestimmen ökonomische Bedingungen und kulturelle Prägung nach wie vor die Gruppenzugehörigkeit und den Lebensstil von Singles?

Neue soziale Milieus

Die Lebensstil-Untersuchung des SINUS-Instituts geht von der Marketing- und Konsumforschung dazu über, nicht Gruppen oder Milieus im sozialen Sinne, sondern Aggregate in einem technischen Sinn mit bestimmten Eigenschaften (z. B. Produktpräferenzen) zu erforschen. Dies greift für eine kulturanthropologische Arbeit zu kurz.

Michael Vester, Peter von Oertzen und Heiko Geiling erweitern die SINUS-Studie in Form einer empirischen Analyse zum Wandel sozialer Mentalitäten und Lebensstile.

Neu ist der Begriff der „Mentalitäten", den Schilling als ein „System kognitiver Muster von Selbstverständlichkeiten, das dem Menschen inhärent ist" (Schilling 1999, 54) erklärt. Mentalität werde ohne nachzudenken aktiviert, wirke gruppenspezifisch und gruppenbindend, habe schwach verbalisierte Inhalte, starke affektive Besetzung und stehe nicht zur Disposition. Schilling sieht einen engen Zusammenhang zwischen Mentalität und Charakter, der abhängig von den Verbindungen des Menschen zur Welt ist und als langfristiger Aspekt der emotionalen Erfahrung dient. Davon unterschieden werden muss der Sozialcharakter, der Menschen zusammenfasst, die ein gemeinsames Schicksal und eine gemeinsame Art verbindet, die im Erziehungsprozess hergestellt wird. „Sozialcharakter wird vermittelt und erlernt; ist individuell geprägt und fließt kollektiv zusammen zur gemeinsamen Art einer Gruppe; ist unentrinnbar" (ebd., 55).

Vester, von Oertzen und Geiling (1999, 244) gehen von Selbst- und Fremdtypisierungen der Akteure aus und definieren fünf Muster neuer Mentalitäten, für die alle ein Streben nach Autonomie und Selbstverwirklichung gegenüber gesellschaftlicher Bevormundung, Einschränkung und Entfremdung maßgeblich ist: den Typus der „Humanistisch-Aktiven", den „Ganzheitlichen", den „Erfolgsorientierten", den Typus der „Neuen Arbeiterinnen und Arbeiter" und den der „Neuen traditionslosen Arbeiterinnen und Arbeiter". Gemeinsam ist ihnen die Abgrenzung gegen überkommene Hierarchien und Abhängigkeiten. Unterordnung und Konkurrenz werden nicht mehr als selbstverständlicher Lebenssinn akzeptiert.

Distinktion zeigt sich in den „Neuen Milieus" „in der Suche nach Selbstbestätigung, dem Wunsch nach Entpflichtung, dem Wunsch nach Teilhabe an sinnstiftenden Gemeinschaftserlebnissen, der hohen Wertschätzung gegenüber kulturellem Kapital" (ebd.). Lassen sich im „Milieu der Singles" darüber hinaus Zeichen der Distinktion erkennen, die schon bei den Eltern und Großeltern als typische Mentalitätsmuster bestimmter Klassenfraktionen wirksam waren?

Single: eine neue Lebensstilkultur der Individualisierung

Städtische Lebensstile zu erkunden, heißt bei Katschnig-Fasch Tradition, soziale Umweltbedingungen und Veränderungen in verschiedenen Milieus, wie dem „Milieu der Singles" zu beobachten. Sie definiert eine neue „weibliche kulturelle Identität" mit einem neuen Kapital: „Freiheit", das bei Bourdieu noch nicht berücksichtigt wurde. Das Kapital der Freiheit verschafft der Frau einen Ort und eine Definitionsmacht in dem bisher geschlechtslos gedachten kulturellen Raum (vgl. Katschnig-Fasch 1998, 322).

Katschnig-Fasch berücksichtigt die Auswirkung der rapiden Verbesserung der Lebensqualität durch höheres Lohnniveau bei gleichzeitiger sozialer Gefährdung. Hier korrespondiert sie mit Beck. Sie definiert Ängste, die durch wirtschaftliche Verunsicherungen entstehen, und Umweltrisiken; Veränderungsprozesse im Alltagshandeln als Reaktion auf eine fortschrittsorientierte, technische Welt – „aktiv gestaltete kulturelle Veränderungen jenseits der materiellen Werte" (Katschnig-Fasch 1998, 55). Damit erweitert sie Bourdieu und widerspricht Schulzes Befunden zur Erlebnisgesellschaft.

Es gelingt ihr, den Bourdieuschen Ansatz auf außerfranzösische Verhältnisse zu übertragen und Schulzes These, dass es keine Gruppenkohäsion mehr gibt und bestimmte Gruppen als solche überhaupt nicht mehr existieren, zur Diskussion zu stellen. Katschnig-Fasch konstatiert, dass sich ein status- und standesbewusstes Gruppenverhalten trotz gesellschaftlicher Umbrüche erhalten hat.

Singles sind für Bourdieu kein und für Schulze ein nicht zentrales Thema. Dennoch stellen ihre Ergebnisse für die vorliegende Untersuchung wichtige Erkenntnisse bereit. Bourdieu liefert Analysen für Vorlieben, Verhalten und Gewohnheiten, die sich, wie es Katschnig-Fasch zeigt, als Erklärungsmuster anbieten. Schulze sieht nur noch die Wahl des Stils als Kriterium. Dies bestreitet Katschnig-Fasch, weil kulturelle Identität – und dies hat für meine Untersuchung Bedeutung - tiefer zu lokalisieren ist.

Die weibliche Individualisierung

Die neue kulturelle Identität wird, so Katschnig-Fasch (1998), besonders durch den Aspekt der kreativen Selbstentwicklung der Frauen deutlich. Sozio-kultureller Wandel zeige sich darin, dass Frauen einen selbstbewussten autonomen Lebensstil vorziehen, der im Gegensatz zur traditionellen Frauenrolle zwischen Hausarbeit, Versorgungsarbeit und Beruf stehe.

Um das Thema der weiblichen Individualisierung geht es auch in Untersuchungen von Beck-Gernsheim (1983). Sie konstatiert, dass durch die zunehmende Partizipation am Arbeits- und Bildungsmarkt auch Frauen einen

„Anspruch auf ein eigenes Stück Leben" haben. Uta Gerhard beschreibt in der „Geschichte der deutschen Frauenbewegung" (1990) die Veränderung der Bildungschancen für Frauen. Studien von Kern (1998) oder Brüderl und Paetzold (1992) zeigen, dass es für Frauen noch nicht lange die Möglichkeit gibt, frei über ihr eigenes Leben zu entscheiden. Beck (1995) sieht durch die weibliche Individualisierung die Basis der traditionellen Kleinfamilie erschüttert.

Das Leitbild der Frau im Bürgertum

Es beginnt mit der Industrialisierung. Sie bedeutet im engeren Sinne die Errichtung von Industriebetrieben. Im weiteren Sinne umfasst der Begriff auch außerökonomische Tatbestände, die sich auf die Entwicklung der Industrie beziehen, ihre Wirkung auf die soziale Struktur der Bevölkerung und auf das Verhalten der Individuen und gesellschaftlichen Gruppen zueinander. Der Industrialisierungsprozess setzte gegen Ende des 18. Jahrhunderts in Großbritannien ein und griff Anfang des 19. Jahrhunderts auf Deutschland über. Zu den Merkmalen der Industrie (zu lat. „Fleiß, Betriebsamkeit") gehören Arbeitsteilung und Spezialisierung.

Mit der Entstehung des Privatraums wurde nicht nur der Arbeitsplatz aus der Wohnstätte ausgegrenzt, sondern die bürgerliche Familie grenzte sich auch innen von nicht verwandten Personen ab – Gesinde, Gesellen –, die in der vorindustriellen Gesellschaft nicht nur Teil der Hausgemeinschaft waren, sondern in der Familienform des „ganzen Hauses" gemeinsam gearbeitet und gegessen hatten. Dienstboten wurden nicht nur als Fremde, sondern als Angehörige einer niederen Klasse behandelt.

Zur Individualisierung des Binnenbereichs und zur Intimisierung der Familienbeziehungen trugen in der bürgerlichen Familie auch der Rückgang der Geburtenzahlen und die dadurch bedingte gesellschaftliche Aufwertung der Frau bei. Weniger Kinder bedeuteten niedere Frauensterblichkeit und mehr Energie für andere Tätigkeiten. Der Familienbereich als Ort des Ausgleichs, der Harmonie und der Erholung wurde den Frauen nicht nur zugeordnet, sondern sie identifizierten sich auch damit, als Gegenpol zur feindlichen, entfremdeten Außenwelt des Mannes.

In den häuslichen Bereich fiel die „Entdeckung der Kindheit" (Ariés 1975). Die Primärsozialisation der Kinder war nun Aufgabe der Mütter. Für sie entwickelten sich familienbezogene Normen; die völlige Hingabe und Selbstaufopferung der Frau war mit der Mutterliebe verknüpft. Frauen erhofften sich die Achtung und Aufwertung in der Gesellschaft. Es gab zwar auch ledige und verwitwete Frauen, die sich aus finanziellen Zwängen an außerhäuslicher Erwerbsarbeit beteiligten, aber das Leitbild der Frau im

18

Bürgertum verwies spätestens nach der Heirat auf den familiären und häuslichen Bereich. „Dasein für andere, für die Familie, in Aufopferungsbereitschaft gekennzeichnet" (Beck-Gernsheim 1983, 16).

Bildungschancen für Frauen

Bildungschancen waren bis zum Ende des 19. Jahrhunderts für Frauen kaum gegeben. Mädchen aus den unteren Schichten vermittelte man nur ein Minimalwissen in Lese-, Schreib-, und Rechenfertigkeiten. „Höhere Töchterschulen" waren den Mädchen aus bürgerlichen Familien vorbehalten, in denen schöngeistige, weibliche Bildungsinhalte vorherrschten. Frauen wurden auf das Dasein für die Familie und den künftigen Ehemann vorbereitet. Erst 1889 gab es erste Kurse für Mädchen, die zum Abitur führten. 1900 war die badische Regierung die erste in Deutschland, die Frauen das Recht zur Immatrikulation gewährte. An den Universitäten in Freiburg und Heidelberg durften erstmals in Deutschland Frauen regulär studieren (vgl. Gerhard 1990, 157).

In der Zeit des Nationalsozialismus wurde das Frauenstudium erschwert bzw. behindert. Das Klima an den Universitäten war frauenfeindlich. Gleichzeitig wurde während des Krieges von den Frauen Selbständigkeit erzwungen, die in den Aufbaujahren schnell in ein Klischee der Hilflosigkeit als Bestandteil weiblicher kultureller Identität wechselte, der starke verantwortungsbewusste Männlichkeit gegenüberstand. Privates wurde wieder dem öffentlichen Zugriff entzogen und hinter geschlechts- und altersspezifischen Rollen verborgen. Die Kernfamilie wurde wieder zum Ideal, Frauen waren wieder in der Kindererziehung und nicht mehr im Berufsleben gefragt. Das vormoderne Konzept ihrer Abhängigkeit und Zuständigkeit wurde wiederbelebt.

Eine Bildungsexpansion setzte erst 1960 ein. Die Pflichtschulzeit wurde verlängert, dies bot einen Schonraum für Heranwachsende, der dem physischen und psychischen Verschleiß der Fabrikarbeit entgegenwirkte. Ausbildungsbeihilfen und Stipendien schufen ökonomische Ressourcen auch bei nicht begüterten Familien. Der Zugang zu neuen und umfassenderen Bildungsinhalten bildete die Voraussetzung für Bewusstwerdungsprozesse und für die aktive Auseinandersetzung der Frauen mit Restriktionen ihrer Lebensgestaltung. Ihre Lebensweise begann sich häufig grundlegend von der ihrer Mütter zu unterscheiden. Bessere Ausbildungsmöglichkeiten führten zu einer zunehmenden Erwerbsbeteiligung und einer vergrößerten Unabhängigkeit. Nicht mehr auf eine frühzeitige Heirat angewiesen, konnten die Frauen ein neues Lebenskonzept mit erweiterten Optionen entwickeln.

Wandel zur Pluralisierung der Lebensformen

Der Einpersonenhaushalt ist ein Phänomen unserer jüngsten Geschichte. Aufgrund der Wirtschaftsstruktur war er über lange Zeit nicht möglich. Witwen aus dem oberen Stand im ländlichen Raum hatten nach dem Tod des Mannes nur die Möglichkeit, ins Kloster zu gehen. Dies galt auch für unverheiratete junge Frauen. Erst in der zweiten Hälfte des 18. Jahrhunderts kamen „Witwenkassen" auf, Frauen konnten von übereilten „Notheiraten" absehen. Einigen war es sogar möglich, aufgrund des erhöhten Lebensstandards auch ohne erneute Heirat materiell über die Runden zu kommen. Junge Frauen verblieben bis zur Verheiratung in ihrer Familie oder wohnten als Gesellschafterin, Lehrerin oder Gouvernante in einer fremden Familie. Bis in die 50er-Jahre war die Lebensform des alleine Lebens entweder der Lebensphase nach dem Tod des Partners vor allem alten Witwen vorbehalten oder hatte den Beigeschmack der „Anrüchigkeit". Für ledige Frauen stellte sie keine reale Alternative zum Leben in einer Ehe oder in der Herkunftsfamilie dar (vgl. Kern 1998, 33).

Mit der Studentenbewegung, der feministischen Frauenbewegung, der sexuellen Revolution durch die Anti-Baby-Pille verändert sich das gesamte Werte- und Normsystem. Tradierte Geschlechts- und Rollenstereotypisierungen machen Platz für neue Formen des Zusammenlebens und Wohnens. Die Ehe ohne Trauschein breitet sich aus, die soziale Direktive, dass zum Erwachsenenleben Heirat und Kinder gehören, wird aufgehoben, außerfamiliäre Lebens- und Wohnformen bekommen gesellschaftliche Akzeptanz. Das Bildungs- und Erwerbsverhalten ändert sich durch die berufliche Qualifizierung von Frauen.

Die Regelung des ehelichen Güterrechts hat für die soziale Situation der Frau große Bedeutung, wenn die Ehe durch Scheidung gelöst wird. 1956 wurde als entscheidende Neuerung die „Zugewinngemeinschaft" eingeführt: Der Zugewinn nach der Eheschließung muss nach Auflösung der Ehe geteilt werden. Der Frau steht die Hälfte auch dann zu, wenn sie nicht erwerbstätig war. Mit dem Ehescheidungsfolgenrecht (Reformgesetz von 1976) wird die Unterhaltsregelung von der Frage des Verschuldens abgelöst. Es verpflichtet den wirtschaftlich stärkeren Teil zu Ausgleichszahlungen an den wirtschaftlich schwächeren. Die Frau wird wirtschaftlich durch eine Scheidung nicht benachteiligt, wenn sie wegen der Kinderbetreuung nicht ununterbrochen erwerbstätig sein wollte oder konnte.

Die Freisetzung aus traditionellen Strukturen

Mit der Bildungsexpansion und der Arbeitsmarkteinbindung, auch von Frauen, entstehen neue Rollenverteilungen, die Auswirkungen auf die traditionelle Kleinfamilie haben. Der Mann ist nicht mehr ausschließlich auf die Ernährerrolle, die Frau nicht nur auf die Reproduktionsrolle im häuslichen Bereich festgelegt. Damit wird Familie „zu einem dauernden Jonglieren mit auseinanderstrebenden Mehrfachkombinationen zwischen Berufen und ihren Mobilitätsforderungen, Mehrfacherfordernissen, Bildungszwängen, querliegenden Kinderverpflichtungen und dem häuslichen Einerlei" (Beck 1986, 184). Beck beschreibt, dass bis in die 60er-Jahren Familie, Ehe und Beruf als Bündelung von Lebensplänen, Lebenslagen und Biographien weitgehend Verbindlichkeit besaßen. „Inzwischen sind in allen Bezugspunkten Wahlmöglichkeiten und –zwänge aufgebrochen" (ebd., 163f).

Kern (1998, 47) analysiert die Veränderung der weiblichen Geschlechterrolle seit den 60er-Jahren. Frauen können nun trotz Partnerschaft und/oder Familie in den Arbeitsmarkt eingebunden werden. Eine Existenzsicherung ist aber auch ohne Ehemann durch eine sozialstaatliche Absicherung gegeben.

Brüderl und Paetzold (1992, 13) beschreiben, die Konsequenzen für Frauen durch die Herauslösung aus traditionellen Strukturen: Frauen sind heute der Dreifachbelastung, Hausfrau, Mutter und gleichzeitig Erwerbstätige zu sein, ausgesetzt. Das bedeutet für sie einen „Spagat zwischen zwei Lebenswelten". Männer können ihre intime Privatwelt selbst aktiv gestalten, trotz Einbindung in den Arbeitsmarkt.

Als Single zu leben stellt eine Alternative zu dieser Dreifachbelastung dar und bedeutet, dass im Augenblick der Liebe zwei Menschen aufeinander treffen, die beide den Möglichkeiten und Zwängen einer „selbstentworfenen Biographie"(Beck-Gernsheim 1986) unterstehen.

Die eigene Forschung

In der Untersuchung soll über die Kultur der Singles in Frankfurt und Umgebung zu Beginn eines neuen Jahrtausends geschrieben werden. Die entstehenden kulturanthropologischen Fallanalysen besitzen zwar nur eine begrenzte Reichweite, sie liefern aber empirisches Material, das einer weiteren Diskussion des Phänomens Single zugute kommen könnte. Sie beschreiben das praktische, gestaltende und interpretierende Handeln von Menschen, die sich ihre materiellen, sozialen und geistig-ästhetischen Bedürfnisse befriedigen möchten. Mir als Beobachter geht es dabei um die kulturellen Chancen dieser Menschen in Relation zu ihrer Kulturfähigkeit und Kulturabhängigkeit und ihren konkreten Handlungsmöglichkeiten in Alltagsräumen. Die Methodik der Erschließung bietet zudem eine Möglichkeit der Übertragung auf andere Forschungsgebiete. Wesentlich erscheint mir dabei, dass jede Forschung eine Anregung darstellt, die eigene Denkweise auszuweiten und jedes Erforschte in seiner Dynamik und Prozesshaftigkeit zu begreifen ist.

Fragestellungen

Befunde der kultursoziologischen Literatur ergeben, dass Langzeitplanung in Familie und Beruf obsolet geworden ist. Bedürfnisse werden spontan gelebt. Erlebnishunger wird nicht mehr wie in bürgerlichen Gesellschaften in den kulturellen Traditionsbestand kanalisiert. Stattdessen kommt es zu einer „strategisch aufbereiteten Lenkung in warenästhetische Signale" (Katschnig-Fasch 1998, 316). Der Single, so die Medien, führt einen Lebensstil, der sich nach außen hin durch Statussymbole präsentiert und nach innen gerichtet „egoistisch" auf den eigenen Vorteil bedacht ist. Daraus lässt sich die provokante These ableiten: **Der Single ist nichts und niemandem verpflichtet außer seinem eigenen Lebensstil.**

Während der Erkenntnisgewinn innerhalb der Soziologie auf äußere Verteilungsstrukturen gerichtet ist, beschäftigen sich Kulturanthropologen mit dem inneren Sinn, den Fragen nach Gestaltungsräumen von Gruppen. Der Begriff „Milieu" meint eine von bestimmten Merkmalen determinierte Lebensweise einer Gruppe von Menschen. Mit ihm verbinden sich soziologische Fragestellungen und Interesse am inneren Sinn der kulturellen Ordnung (vgl. Katschnig-Fasch 1998 , 48). **Welche spezifischen Merkmale und Gemeinsamkeiten lassen sich für die Lebensstile von Singles identifizieren?**

Lebensstile zeigen sich darin, wo und wie jemand wohnt und welche Vorlieben er hat. Bourdieu bezeichnet dies als „sozio-kulturelle Identität", bei der Klassengebundenheit eine Rolle spielt. **Welche Vorlieben, Gewohnheiten, Strategien entwickeln Singles?**

Lebensstile manifestieren sich in der alltagsweltlichen Gestaltung. Alltagsweltliche Gestaltung betrifft die gewöhnliche Lebensgestaltung und die Auseinandersetzung mit äußeren Bedingungen. **Wie zeigen sich Kommunikation und Interaktion im Lebensalltag von Singles?**

Lebensstile lassen sich erforschen, indem die kulturelle Alltagspraxis hinterfragt wird. **Wie gelingt es dem Single seine grundlegenden Bedürfnisse nach Sicherheit, Aktion und Identifikation zu befriedigen?**

Lebensstile konstituieren sich durch „Erfahrung". Sie repräsentiert „eine historische Dimension (das Rekurrieren auf vergangene, übermittelte Erfahrungen) und eine soziale Dimension (das Anknüpfen an die Erfahrungen an-

22

derer) von Kultur" (Römhild 1998, 16). Gemeinschaftsdenken und –handeln orientiert sich an gemeinsamen und ähnlichen Erfahrungen. Wirklichkeit wird über Erfahrung dem Bewusstsein zugänglich und ermöglicht eigene Interpretationen. **Wie interpretieren Singles ihre Erfahrungen?**

Für meine Einzelinterviews wähle ich Frauen und Männer, die von sich selbst sagen, dass sie Singles sind. Ihr Alter soll zwischen 30 und 60 Jahren liegen. Sie sind Repräsentanten zweier Generationen, in denen sich das gesellschaftliche Werte- und Normsystem gewandelt hat. Kultur ist abhängig von der Zeit, in der Menschen leben und einem Wandel unterworfen. Mein Interesse gilt dem Kulturwandel, der Änderungen von alltagsweltlicher Praxis ebenso einschließt wie von Handlungsentwürfen.

Ich wähle weibliche und männliche Singles. Der von Beck postulierte „Individualisierungsschub" in den 60er-Jahren bedingte, dass sich der Arbeits- und Bildungsmarkt auch für Frauen öffnete. Mich interessiert der Aspekt der Geschlechterdifferenzierung und daraus resultierende Problemlagen wie die durch eine Familienphase unterbrochene Berufsbiographie bei Frauen.

Zur Wahl der Methoden

Wer das Leben von Singles erforschen will, der muss beobachten, teilnehmen. ins Gespräch kommen. Der Sozialanthropologe Bronislaw Malinowski gilt als Schöpfer des Instrumentariums der „teilnehmenden Beobachtung". Er verbrachte zu Anfang dieses Jahrhunderts zwei Jahre auf den Trobriand-Inseln in Melanesien. Als Forschender lebte er in diesem Zeitraum mit und in der von ihm untersuchten Gruppe, um zu einer Beschreibung einer Kultur „von innen" zu gelangen. Die Methode der teilnehmenden Beobachtung gilt bei Kulturanthropologen und Ethnologen als Königsweg der Feldforschung. Sie hat sich zum Ziel gesetzt, fremde Wirklichkeitskonzepte zu verstehen. Es bedarf des zwischenmenschlichen Vertrauens, um überhaupt etwas zu erfahren und ein Nachvollziehen des Erlebten, ein Versetzen in die Perspektive eines Gegenübers. Um Lebenskonzepte und Lebensziele von Singles zu verstehen, muss ich mich auf sie einlassen, sie miterleben, sie nachlebend verstehen.

Beobachtungen bedürfen der Interpretation. Da die beobachteten Singles aus dem gleichen Kulturkreis stammen wie ich, ist es mir möglich, den Sinn ihrer Aussagen zu verstehen und ihre Handlungen für mich zu deuten.

Als Kulturanthropologin kommt es mir nicht nur auf eigene Erfahrungen, sondern vor allem auf die Sichtweise der Akteure an. Für meine Fragestellungen entwerfe ich einen flexiblen Leitfaden. In den „fokussierten Interviews" (Mayring 1990, 46) interessiert mich die Biographie des jeweiligen

Befragten, seine schichtspezifische Herkunft, seine persönliche Erfahrung, seine Einstellung zu seinem Lebens- und Wohnstil. Die Gesprächspartner bekommen zudem die Möglichkeit, für sie relevante Ansichten und Schwerpunkte zum Thema Single zu äußern.

Mein entstehender *Text* ist vielstimmig, indem er subjektive und objektive Aussagen miteinander verbindet. Die Darstellung „singulärer Alltagswirklichkeiten" ist für mich Wiedergabe von Erlebtem, Analyse der soziokulturellen Veränderungen und Reflexion in einer kulturwissenschaftlichen Perspektive. Dabei nehme ich Rekurs auf vorliegende Wissensbestände und Theorien.

Kulturelle Handlungsbereiche

Durch mein „Initialgespräch" und die Literaturrecherchen haben sich mir Felder erschlossen, in denen ich meine Forschungen über den Lebensstil von Singles ansiedeln möchte. Meine Idee der Erforschung der Lebensstile von Singles verstehe ich als eine „Utopie Collage" (Greverus 1998, 381), in der sich kulturelle Bereiche mit all ihren „Andersheiten und Verschiedenheiten" (ebd.) miteinander verknüpfen.

Alltagsbewältigung – Einkaufen und Kochkurse

Zwischen Lebensstilen und der Entwicklung der Produktwerbung gibt es eine Verbindung. Produkte werden immer mit entsprechenden Leitbildern verpackt. Produktleitbilder vermitteln die Einmaligkeit des Produktes, die den Konsumenten suggeriert, das Produkt sei nur für sie gemacht. Einen neuen Lebensstil kreieren, bedeutet, sich von den anderen abzusetzen; statt Massenproduktion im Supermarkt gibt es die Freiheit des individuellen Geschmacks. Spezielle Produkte, die man nur in bestimmten Läden erwerben kann, schaffen Exklusivität. Diese Erkenntnis macht sich der Markt zunutze. Naturkostläden vermitteln das Bewusstsein, etwas für die Gesundheit getan zu haben, unbehandelte Naturprodukte zu verwenden, fleischlos zu essen und wenden sich auch gegen eine Massenware, die im Supermarkt zu finden ist. Das ideale Produkt, das ist keine Massenware und hat nichts mit Industrie zu tun.

Im Naturkostladen Single-Brot anzubieten, ist in doppelter Hinsicht effektiv: dient es doch einerseits als Mittel der individuellen Selbstdarstellung, indem es impliziert: „dieses Brot ist ein Solitär", andererseits hat es den praktischen Effekt, dass es so klein ist, dass ein Single es in zwei Tagen verbrauchen kann. Während ich die Verkäuferin bitte, einen Zettel aufhängen zu dürfen, auf dem steht, dass ich Respondenten zum Thema „Singles" suche, mischt sich ein Kunde in unser Gespräch ein und outet sich als „Single". Wir vereinbaren einen Interviewtermin.

„Der Mensch lebt nicht vom Brot allein" ist eine alte Weisheit, die auch für Singles gilt. Wenn „fast food" nicht die einzige Alternative zum Lokal bleiben soll, gibt es die Möglichkeit, wie in früheren Zeiten, der Mutter über die Schulter zu schauen, um kochen zu lernen oder sich Kochbücher zu kaufen. Das Buch „Basic cooking" (Sälzer und Dickhaut 1999) zeigt „alles was man braucht, um schnell gut zu kochen". Im Buchladen finde ich es unter der Rubrik „Singles". Die Autoren verweisen auf das „know how", das sich jeder durch ihr Buch aneignen könne: „Think big" ist ihre Devise, und meinen damit, dass man lernen muss, Reste zu verwerten. Singles wüssten, dass Produkte um so teurer sind, je kleiner die Verpackung ist. Das ist nun auch genau der Punkt, an dem die Volkshochschulen (VHS) einhaken. Unter der Rubrik „Ernährung" finde ich die Kochkurse „Kreativ Kochen für Singles und kleinere Haushalte" in Dietzenbach und Dreieich. Singles sollen neben Grundkenntnissen im Kochen vermittelt bekommen, „dass man nicht nur speziell für Singles angebotene kleine Packungen erwerben muss, sondern kreativ auch Reste verwerten kann", dies erfahre ich in einem Interview mit Anne, einer Diplomhauswirtschaftsmeisterin, die seit 15 Jahren Kochkurse in Frankfurt, Offenbach und Umgebung anbietet. Ich möchte als „teilnehmende Beobachterin" erfahren, wie Singles über einen längeren Zeitraum (vier Wochen) miteinander kommunizieren, wie sie sich voneinander abgrenzen, miteinander interagieren.

Im Programmheft der Kreisvolkshochschule lese ich, dass Bildung „das Megathema" ist (VHS, Programm 2. Halbjahr 1999). Aufgabe der VHS sei es, „Bürgerinnen und Bürgern, die Möglichkeit zur Aneignung von Kenntnissen, Fähigkeiten und gesellschaftlichen Tätigkeiten zu bieten" (ebd. 3). Angebote des „Erlebnismarktes" (Schulze 1997) haben das Ziel, den Anbietern Geld und Anerkennung zu verschaffen. In der Erlebnisgesellschaft muss ein „Erlebnisangebot" so konzipiert sein, dass eine „Erlebnisnachfrage" entsteht. Was muss die VHS berücksichtigen, damit ihr Angebot von der Zielgruppe der „Singles" angenommen wird? Welche Motivation leitet die „Erlebnisnachfrager" das Angebot zu nutzen? Welchen Gewinn ziehen sie aus dem Angebot?

Aufbau sozialer Netze – Kontaktanzeigen und Kontakt-Partys

In einer individualisierten Gesellschaft, konstatiert Beck (1986), sucht der Einzelne nach sozio-kulturellen Gemeinsamkeiten und findet sie in subkulturellen Ausformungen von Freizeitaktivitäten. Mit dem Aufgeben der Kontaktanzeige tritt ein „Single" an die Öffentlichkeit und versucht, über das

Medium Zeitung den Anschluss an eine Gruppe oder an eine Einzelperson zu finden. Daneben gibt es die Möglichkeit, bei Single-Partys Menschen kennen zu lernen oder einen Partner zu suchen. Ich suche eine Respondentin, die durch gemeinsame Freizeitaktivitäten eine Gruppe bilden will. Wenige Tage später finde ich die passende Anzeige: „Single-Frau, 56 Jahre, sucht aufgeschlossene, neugierige Leute ab 45 für Kultur, Literatur, gepflegtes Essen am Stammtisch."

Meine Vorüberlegungen sind folgende: Voraussetzung für Gemeinsamkeit ist für die Inserentin das gleiche Alter, Bildung und Stil. Sie sind Indizes oder „Zeichen" (Schulze) für Selektionsmechanismen. Interaktionen laufen dann erfolgreich, wenn die Gruppe homogen ist bzw. gleiche Interaktionsinhalte für bedeutsam hält. Für die Interessentin sind dies kulturelle Gemeinsamkeiten und der Sinn für „gepflegtes" Essen. Der Stellenwert, der dem Thema Essen gegeben wird, führt mich zur Frage der spezifischen „Kultur des Essens" bei Singles. Ernähren sie sich vorwiegend von Tiefkühlkost und Fertiggerichten? Wie decken sie eigentlich ihren Tisch, wenn sie alleine sind. Ist es anders, wenn Gäste erwartet werden? Wie war es früher in ihrer Herkunftsfamilie? Corinna, so heißt die Frau aus der Kontaktanzeige, ist gerne zu einem Gespräch mit mir bereit.

Die „Fisch sucht Fahrrad"-Party im Frankfurter Südbahnhof ist speziell für Singles konzipiert und findet regelmäßig im mehrwöchigen Abstand statt. Wieder spielen Kontaktanzeigen eine Rolle. Das ehemals von Daniel Cohn-Bendit initiierte Stadtmagazin *Pflasterstrand* heißt heute *Journal Frankfurt*. Wer den Namen Cohn-Bendit liest, verbindet damit eine „studentische Szene". Das *Journal Frankfurt* wirbt mit mehr als 100 Seiten Veranstaltungstipps und Kleinanzeigen für die neue „urbane Freizeitszene". Ich finde unter der Rubrik „Persönlich" Kleinanzeigen mit der Überschrift „Fisch sucht Fahrrad". „Und so funktioniert's", schreibt das *Journal*: „Ihre Kontaktanzeige wird im nächsten ‚Journal Frankfurt' auf Wunsch mit einer „Fisch sucht Fahrrad"-Nummer gekennzeichnet ... Per Post erhalten Sie eine Freikarte zur Party ... Dort können Sie auf die Suche nach Menschen gehen, die daran interessiert sind, Sie kennen zu lernen. Woran Sie das erkennen können? Alle die, die interessiert die Kontaktanzeigen im nächsten ‚Journal Frankfurt' lesen, bekommen auf der Party Ansteck-Buttons mit der „Fisch sucht Fahrrad"-Anzeigennummer ihrer Wahl. Wenn dort jemand einen Button mit Ihrer Anzeigennummer trägt, haben Sie die Wahl: anschauen, abwarten, ansprechen oder ... ." Ich beschließe eine Teilnahme ohne vorherige Kontaktanzeigenschaltung.

Ob alle Single-Partys gleich konzipiert sind und vom gleichen Publikum besucht werden, will ich durch meine Teilnahme an der „Frankfurter Flirt-

Night – Single-Treff mit Stargast Roberto Blanco" herausfinden. Diese Party findet zum ersten Mal statt und muss sich erst noch etablieren. Initiiert hat sie der Frankfurter Einzelhandel. Ich plane ein „Experteninterview" mit einem Veranstalter. Mein Interesse gilt aber weniger dem, was die Stadt Frankfurt an Veranstaltungen hervorbringt, als der Bedeutung des städtischen Raums für die Singles. Öffentlicher Raum ist Interaktions- und Kommunikationsraum, der die Möglichkeit zur Inszenierung, des Sich-zur-Schaustellens, bietet. Die öffentlichen Orte, an denen in Frankfurt Kontakt-Partys für Singles stattfinden, bieten mir zudem die Chance, Interviewpartner zu finden, die mir Einblicke in ihr Leben gewähren.

Der Beruf schafft die ökonomischen Voraussetzungen

Voraussetzung für das „erfolgreiche" Singleleben ist eine sichere Berufsposition als Einnahmequelle, als Selbstbestätigung und Sozialerfahrung. Wer heute beruflich erfolgreich sein will, muss mobil und flexibel sein. Betrifft diese berufliche Forderung beide Partner, so wird ein „normales" Alltagsleben, vor allem mit kleineren Kindern, erschwert. Dieses Problem thematisiert Beck in seiner Individualisierungstheorie: „Die Forderung nach Gleichstellung von Mann und Frau in allen gesellschaftlichen Bereichen mündet implizit in einer voll-mobilen Single-Gesellschaft, denn Gleichheit gilt auch im beruflichen Bereich. Familie, Ehe, Eltern, Partnerschaft müssen in einer solchen Gesellschaft hinter den Erfordernissen des Arbeitsmarktes zurückstehen. Der oder die Alleinstehende ist, konsequent weiter gedacht, die Folge daraus" (Beck 1986, 78). Wer alleine lebt, darf im Gegensatz zum Familienmenschen sich zum Egoismus bekennen oder, mit den Worten Becks gesagt, „der voll-mobile Single entwickelt ein ‚Ich-zentrierten-Weltbild', er muss erst einmal für sich selber Verantwortung tragen und sehen, dass es ihm gut geht" (vgl. ebd.).

Regelmäßige Arbeitszeiten, immer gleiche Einsatzorte, pünktliches nach Hause kommen, sind für Führungskräfte heute kaum noch möglich. Richard Sennett (1998) analysiert, dass „Flexibilität" den Verzicht langfristiger Bindungen die „Hinnahme von Fragmentierung" erfordert. Für Sennett ist die Fähigkeit, sich von der eigenen Vergangenheit zu lösen und Fragmentierung zu akzeptieren, der hervorragende Charakterzug der flexiblen Persönlichkeit, die im neuen Kapitalismus zu Hause ist und Macht ausübt. „Der flexible Mensch" (Sennett) ist, wenn er eine Führungsposition einnimmt, „frei von der Besessenheit, Dinge festzuhalten". Die flexible Fähigkeit zur Anpassung zeigt sich „im Willen, das von ihm Geschaffene zu zerstören, wenn es die Situation erfordert – er ist zum Loslassen fähig, wenn schon nicht zum Geben" (ebd. 1998, 78-80).

Die Auskunft über den Beruf enthält Schlüsselinformationen wie „Einkommen, Status, sprachliche Fähigkeiten, mögliche Interessen, Sozialkontakte usw." (Beck 1986, 221), die Rückschlüsse zur Person zulassen. Im Fremdbild über den Single werden Beruf und Person gleich gestellt.

Mein Interviewpartner Jens arbeitet im Bereich Flughafen-Consulting und wird an wechselnden Orten in der ganzen Welt eingesetzt. Wie ist das Selbstbild des flexiblen Singles?

2 Singlebilder in Romanen

Ein Streifzug durch das literarische Jahrhundert ist eine anthropologische Quelle, die ein Bild darüber vermittelt, wie und warum Menschen alleine leben und wie die Gesellschaft darüber dachte und denkt.

Romane als anthropologische Quellen

Für Schilling ist der Romanautor Repräsentant seiner Kultur und seiner Zeit, der seine Wahrnehmung von Welt reflektiert an die ihn umgebende Gruppe weitergibt. „Der einzelne Autor gibt nicht nur sein Weltverständnis an die vielen in der ihn umgebenden Gruppe hinein, sondern: das im Inneren wie quasi in einer geschützten, intimen, privaten Sphäre Reflektierte, das Private, wird im Publikumsprozess öffentlich, es ist – als gedruckte Deutungsfixierung von Welt – ein Angebot an ein Publikum, sich diese Weltsicht zu eigen zu machen" (Schilling 1996, 80).

Als Zeitzeugen für den Beginn des Jahrhunderts wähle ich den Schriftsteller Thomas Mann, für die 60er-Jahre als Zeit des Umbruchs Max Frisch. Ingeborg Bachmann, Gaby Hauptmann, Svende Merian und Ildikó von Kürthy repräsentieren weibliche Sichten auf das Singleleben zwischen den 60er-Jahren und heute.

Lebensstile aus männlicher Sicht

Christian Buddenbrook, einer der Protagonisten in Thomas Manns Roman „Buddenbrooks" (1930), leidet an seinem verhinderten Künstlertum, kapselt sich immer mehr ab, bewegt sich in den zwielichtigen Kreisen von Lebemännern und Halbkünstlern. Jahrelang lebt er im Verband der Großfamilie, die ihn als Ärgernis betrachtet und zum Gespött macht. Gerne bliebe er Single, dies wird aber von der „feinen" Lübecker Gesellschaft nicht akzeptiert. Eine späte Heirat mit einer Prostituierten ist als Protest gegen das bürgerliche Gebot der Ehe zu verstehen; wenn schon heiraten, dann unstandesgemäß. Für ihn ist die Lebensform der Ehe nicht lebbar. Er landet in einer Irrenanstalt.

Christians Singleleben ist mit keinem der bürgerlichen Ideale zu vergleichen. Er geht weder einer „rechtschaffenen Arbeit" nach, noch ist er in der Lage, einen „ordentlichen Hausstand" zu gründen. Die Figur des bindungsunfähigen Außenseiters, des schwarzen Schafs in der Familie, wird am deutlichsten in der Schilderung seines Alltags. Den verbringt er im Klub, dem vorwiegend unverheiratete Kaufleute angehören. Der Klub besitzt im ersten Stock eines Weinrestaurants ein paar komfortable Lokalitäten. Dort isst er, unterhält sich, spielt Roulette. Christian oder, wie er norddeutsch meist genannt wird, Krischan, ist aus früherer Zeit mit allen mehr oder weniger bekannt oder befreundet, wird hier mit offenen Armen empfangen. Obgleich weder Kaufleute noch Gelehrte seine Geistesfähigkeiten für groß halten, schätzt man doch seine amüsante gesellschaftliche Begabung. Er erzählt Geschichten, spielt und ahmt englische und transatlantische Schauspieler und Opernsänger nach. Krischan amüsiert die Gäste mit seinen „Weiberaffären". Christian gelingt es nicht, gegen die öffentlich vereinbarte Norm zu handeln und sein Leben nach eigenen Vorlieben zu gestalten. Sein Künstlertum wird im Gegensatz zur nächsten von mir behandelten Figur Manns, der des Gustav Aschenbach, nicht anerkannt.

Gustav Aschenbach ist der Protagonist in „Der Tod in Venedig" (Mann 1954). Er lebt als Single, hingegeben an sein schriftstellerisches Werk, opfert ihm sein bürgerliches Glück - zu einem „höheren Ziel". Er ist ca. 50 Jahre alt, lebt sehr asketisch, beginnt den Morgen mit Stürzen kalten Wassers, zündet sich Wachsleuchter an und beginnt schon früh morgens zu schreiben. Als er mit seinen bisherigen Lebensgewohnheiten bricht und anstatt in die Alpen nach Venedig fährt, verliebt er sich in einen 14-jährigen Jungen. Der Versuch, seiner bürgerlichen Existenz zu entrinnen, endet genau wie bei Christian Buddenbrook tragisch. Aschenbach bleibt in Venedig, obwohl dort die Cholera herrscht – und stirbt.

Thomas Mann ist Zeuge seiner Zeit. Er wurde 1875 in Lübeck geboren und ist einer der bedeutendsten deutschen Erzähler des 20. Jahrhunderts. Er heiratete 1905 Katia Pringsheim, emigrierte 1933, wurde 1944 amerikanischer Staatsbürger, kehrte 1952 nach Europa zurück und lebte seit 1954 in Kilchberg, wo er 1955 starb. Für seinen ersten Roman „Buddenbrooks. Verfall einer Familie", 1901 erschienen, bekam er 1929 den Nobelpreis für Literatur. Zentrales Thema seiner frühen Erzählungen und Novellen ist der Gegensatz zwischen Bürger und Künstler, Leben und Geist.

In der Zeitschrift *Der Spiegel* beschreibt Helmut Karasek (1991) den Zusammenhang zwischen Autor, Werk und gesellschaftlichen Bedingungen. Ich fasse seine Aussagen kurz zusammen. Thomas Mann hält seine homoerotischen Neigungen geheim und verarbeitet sie in seinen Romanen. Erst 36 Jahre nach seinem Tod wird sein Tagebuch der Jahre 1949-52 veröffentlicht. Er bekennt darin, dass er sich mit 75 Jahren in einen Hotelkellner in Zürich verliebt hat und dass somit der „Der Tod in Venedig" autobiographische Züge trägt. Die Geheimhaltung war notwendig, weil Mann einen Skandal vermeiden wollte. Der Schriftsteller war Repräsentant der Gesellschaft, die Lübecker waren stolz auf ihn. Die Wahrung seines gesellschaftlichen

30

Ansehens bezahlte er mit Verzicht, Leiden, Selbstzucht, Beherrschung, Triebunterdrückung. Er selbst sah seine Sexualität in seinen Tagebüchern als „Schwäche" an, nur ein „Entsagen" schien ihm ein Ausweg im Umgang mit der eigenen Natur. Die Übersetzung dieser Vorstellungen ins Künstlerische ist für Mann selbst und seine Protagonisten entscheidend.

Den „Techniker" oder „vollmobilen Single" (Beck 1986) verkörpert der „Homo faber", wörtlich übersetzt, „Der Mensch als Schmied", von Max Frisch (1957). Gemeint ist damit nicht nur der Techniker im engeren Sinne, sondern der von der technischen Welt geprägte Mensch, der die Kategorien der Technik auf sich bezieht, sie auf seine Mitmenschen anwendet und der das Menschliche damit um seine wesentlichen Komponenten verkürzt: um das Vitale und Emotionale. Gefühle lässt er nicht zu, erweist sich als liebes- und bindungsunfähig, ihn fasziniert nur Modernität und Technik. Er gibt nach außen vor, dass er froh ist, alleine zu sein, ist stolz auf seine Sachlichkeit, die bei Frauen nach eigenem Bekunden nicht gut ankommt und betont, dass er sich für keine Ehe eignet. Alleinsein ist für ihn die einzig mögliche Lebensform, weil er da keine Zeit für Gefühle investieren muss.

Frischs „Homo faber" ist zum Prototyp einer Epoche geworden; er kann eine Frau nicht halten, treibt die beiden Frauen, die er zu lieben meint, in Tod und Verderben. Über sein technisches Weltbild verliert er die Sicht auf „das Eigentliche", die Kraft der Liebe. Erst kurz vor einer schweren Magenoperation erkennt er seinen Irrtum und findet zu sich selbst.

Max Frisch wird 1911 in Zürich geboren, stirbt dort 1991 und gilt als Vertreter der modernen Literatur. In seinen Tagebüchern beschreibt er, was für ihn selbst Identität bedeutet und was er somit auch auf seine Protagonisten überträgt: Angst vor Selbstentfremdung des modernen Menschen, das Problem der spaltungsbedrohten Identität, der Versuch der Identitätsfindung (vgl. Frisch 1971, 27 ff).

Das Rollenbild, das der Mensch sich von sich selber macht, bezeichnet Frisch als „Bildnis". Hinter diesem „Bildnis" verbirgt sich die wahre Identität des Menschen. Der Mensch als Rollenwesen besitzt lediglich eine Scheinidentität und führt eine verfehlte Existenz. „Bildnis" bedeutet für Frisch ein erstarrtes, unflexibles Bild von sich selbst, von anderen und von der Welt, wodurch dem Ich oder den anderen die Möglichkeit der Entwicklung oder Wandlung abgesprochen wird. Das starre „Bildnis" grenzt den Spielraum des Menschen ein und reduziert Selbst-, Fremd- und Weltbild allein auf das dem „Bildnis-Gemäße". Der Mensch gestaltet und deutet sein Leben, sein Verhalten, sich, den anderen und der Welt gegenüber genau so, wie es die von ihm angenommene bzw. gesellschaftlich vermittelte Rolle fordert. Er lässt nur die Gegebenheiten und Erinnerungen in seiner Lebensgeschichte gelten, die seinem gegenwärtigen Selbstbild entsprechen und verdrängt, verfälscht oder ignoriert das, was nicht in die Rolle passt. Er erfindet sich eine „Geschichte", die er für sein Leben hält. Diese „Geschichte" verstellt ihm den Weg zur Realität. Kann er sie überwinden, so gelingt ihm der Durchbruch zur Wahrheit, zur Identität.

Zum Selbstbildnis des Technikers „Homo faber" gehören Realitätsbezug, rationales Erfassen und Beherrschen der Umwelt. Dem steht das „Bildnis" des Nicht-Technikers entgegen: „hysterisches Verhalten", „Angst", „bloße Fantasie", also irrationales Verhalten, das der Protagonist den Frauen zuschreibt.

Romanautorinnen präsentieren einen neuen Lebensstil

Frisch hatte von 1958 bis 1963 eine Beziehung mit der Schriftstellerin Ingeborg Bachmann. Bachmann wurde 1926 in Klagenfurt geboren. Sie studierte Philosophie, Psychologie und Germanistik in Innsbruck, Graz und Wien. Sie machte sich einen Namen als Redakteurin und Lektorin beim Wiener Sender Rot-Weiß-Rot und wurde später vielfach für ihr literarisches Werk ausgezeichnet. Ingeborg Bachmann starb 1973 in Rom an den Folgen einer Brandverletzung.

Bachmann hat sich der Fragestellung gewidmet, worin die Qualität des Single-Daseins liegt. In ihrem 1971 erschienenen Roman „Malina" verarbeitet sie die Problematik der alleine lebenden Frau, die sich über den Partner definiert und deren Selbstverwirklichung an einem egozentrischen Partner scheitert. „Malina" handelt von Liebe und „ist wohl die denkbar ungewöhnlichste Dreiecksgeschichte, weil zwei der Beteiligten in Wahrheit eine Person sind, ‚eins sind' und doch jede Person ‚doppelt' ist" (Bachmann 1997, Klappentext). Der Handlungsort ist Wien. Den bürgerlich starren Formen dieser Stadt kann die Protagonistin nicht entrinnen. Ingeborg Bachmann will durch ihre Erzählung, „kollektiv Verschwiegenes zur Sprache bringen, jene Geschichten, die nicht bekannt werden, weil sie sich an den ‚inwendigen Schauplätzen' abspielen und ‚innerhalb des Erlaubten und der Sitten' bleiben müssen" (Bubrowski 2000).

Der Roman lebt von der Detailbeschreibung des Lebensgefühls einer Intellektuellen Ende der 60er-Jahre. Der Leser spürt den Gegensatz zwischen einer bürokratischen „äußeren" und einer menschlichen „inneren" Welt, der Welt der Weiblichkeit, Wärme, aber auch Irrationalität. Bachmann schreibt keine Betroffenheitsliteratur, d. h. keine Frauenliteratur die anklagt, sondern man liest zwischen den Zeilen, dass sie „Betroffene" ist.

Gaby Hauptmann (1997) lässt ihre Protagonistin Carmen Legg eine Annonce aufgeben, die gleichzeitig der Titel des Buches ist: „Suche impotenten Mann fürs Leben". Carmen sucht den Traummann zum Kuscheln und Lieben, aber bitte ohne Sex. Die Anzeige entpuppt sich als ein Knüller. In einem der Bewerber entdeckt sie den Mann ihres Lebens und wünscht sich, dass seine Impotenz wie ein Schnupfen vergeht. Gaby Hauptmann versucht, das Thema Frau sucht Mann von einer „gänzlich neuen Seite" aufzuziehen, verspricht der Klappentext. Es endet damit, dass David, der Auserwählte, ihr seine Impotenz nur vorgespielt hat und meint: „Ich möchte Dich behalten. Für immer! Und wenn du nicht mit mir schlafen willst, dann lasse ich dich in Ruhe ... ."

Heute schreiben nicht mehr nur männliche Romanautoren über die Problematik des männlichen Singles, der sich zwischen seiner „Natur" und der Gesellschaft entscheiden muss, sondern Frauen schreiben nun für Frauen. Romanautorinnen präsentieren selbst einen neuen Lebensstil, den auch ihre Protagonistinnen leben: beruflich erfolgreich, unabhängig, für sich selbst verantwortlich. Gaby Hauptmann, geboren 1957 in Trossingen, lebt als freie Journalistin, Filmemacherin und Autorin in Allensbach am Bodensee. 1996 erschien ihr Roman „Nur ein toter Mann ist ein guter Mann" und 1997 „Die Lüge im Bett".

Selbstironie heißt das neue Zauberwort. Mit ihm tritt Ildikó von Kürthy im neuen Jahrtausend an, um suchende weibliche Singles zur Selbsterkenntnis und Selbstidentifikation aufzufordern und Leser zu amüsieren. Die Sternredakteurin erfindet die 33-jährige Cora Hübsch, die sich als „nicht schwierig, sondern interessant" (Klappentext) empfindet und eine „beste Freundin" hat, die „größere Brüste" als sie selbst aufweist.

Als Frau über eine Frau zu schreiben, damit setzt sie die begonnene Tradition der 90er fort. Auch die Form der Ironisierung weiblichen Verhaltens ist nicht neu. Das Besondere sind die zahlreichen Fotografien, die als besonderes Stilmittel bestimmte Schwerpunkte der Erzählung hervorheben. Die Anordnung und Farbgebung der Bilder vermittelt neben der Symbolik auch ästhetische Erfahrungen an die Leser. Gezeigt werden beispielsweise im „Mondscheintarif" (2005) Füße auf einer Waage. Es geht der Autorin dabei um die Figurprobleme, mit denen sich weibliche suchende Singles ständig auseinander setzen. Der Markt gibt ein weibliches Schönheitsideal vor, schlank und vollbusig, das im Wettkampf um den attraktiven, männlichen Single nicht nur den täglichen Gang auf die Waage bedingt, sondern auch zu schlaflosen Nächten führt, die plaudernd am Telefon verbracht werden.

Ein gesellschaftliches Bild verändert sich

In der Analyse wird deutlich: Rollen und Normen haben sich verändert. Zu Beginn des 20. Jahrhunderts muss der Romanautor seiner bürgerlichen

Existenz gerecht werden. Er kompensiert seinen Nonkonformismus mit den gesellschaftlichen Wertvorstellungen durch seine Romanfiguren. Aber auch diese dürfen nur dann als Single leben, wenn sie als Kunstschaffende eine herausragende gesellschaftliche Rolle spielen. Während Krischan Buddenbrook in Thomas Manns Roman in seiner Rolle als selbst ernannter „Kleinkünstler" den gesellschaftlichen Normen nicht entspricht, wird das Singleleben von Gustav Aschenbach akzeptiert, weil er sein Leben der Kunst gewidmet hat. Er scheitert erst an einer anderen Norm, dem Verbot der gleichgeschlechtlichen Liebe. Die Nichterfüllung seiner Sehnsucht nach einem gemeinsamen Leben mit dem geliebten Partner führt letztendlich zu seiner Vernichtung.

In den 60er-Jahren ändert sich das gesellschaftliche Bild durch den Wandel zur Pluralisierung der Lebensformen. Es kommt zu einer Existenzkrise des Individuums, das sich nun fragt, wie es als Einzelperson in der „individualisierten Gesellschaft" (Beck 1986) überleben kann. Berufliche Mobilität wird verlangt und bedingt eine Entscheidung zwischen der traditionellen Lebensform der Ehe und anderen Lebensformen wie Wohngemeinschaften oder der des Alleinlebens. Max Frisch lebt in einer Zeit, die noch stark von gesellschaftlichen Normen geprägt ist, in „wilder Ehe" mit Ingeborg Bachmann zusammen. Er ignoriert als Intellektueller den gesellschaftlich vorgegebenen Weg einer legalisierten, auf Dauer angelegten, Zweierbeziehung. Auch Frischs Romanfigur „Homo faber" nutzt die Wahlmöglichkeiten seiner Zeit; er entscheidet sich zugunsten seines Berufs gegen die Gründung einer Familie, eine Entscheidung, die er allerdings im Rückblick auf sein Leben bereut. Der berufliche Erfolg erscheint ihm ohne den emotionalen, familiären Rückhalt nicht ausreichend für eine positive Bewertung des eigenen Lebens.

Mit der Abnahme der ökonomischen Abhängigkeit seit den 70er-Jahren ist der Anteil der Frauen am Arbeitsmarkt gewachsen. Männer befinden sich nicht mehr ausschließlich in der Versorgerrolle. Familiäres Zusammenleben verliert seinen Stellenwert als Sicherungsinstitution. Damit geht die Romantisierung der Paarbeziehung einher, die sich nicht auf Heterosexualität beschränken muss. Während Frauen in den 80er-Jahren den Männern noch nachsagten, sie wollten „immer nur das Eine", beispielsweise im Roman „Der Tod des Märchenprinzen", geschrieben von der Hamburger Frauenrechtlerin und Schriftstellerin Svende Merian, widerlegt die männliche Hauptperson in Gabi Hauptmanns Roman „Suche impotenten Mann fürs Leben" diese These. Die Botschaft des Romans ist: der männliche Single ist entgegen des Klischees nicht nur an Sex interessiert. Liebe und gegenseitiges Verständnis heißt denn auch das Zauberwort in den Romanen der 90er-Jahre.

2005 geht es beim Thema Single wiederum um Klischees. In Ildikó von Kürthys Romanen zeigen sich traditionelle weibliche Erziehungsideale in einer modernen Verpackung: Frau wartet bis Mann anruft und überbrückt die Wartezeit unter anderem mit dem Kauf von Epiliergeräten. Die Botschaft dabei ist: der Schmerz ist weiblich, der Blickwinkel der Frau konzentriert sich darauf, was ein Mann bei ihrem Anblick empfindet. Damit wird das klassische weibliche Rollenverhalten ironisierend entlarvt.

„Alte Jungfer" und „Hagestolz"

Singles werden für die Auflösung von traditionellen Gemeinschaften verantwortlich gemacht, gelten als Prototypen der Individualisierung, stehen im Konfliktfeld von Arbeitsmarkt und Familie. „Die Singles wurden und werden jedenfalls als das Paradebeispiel der subjektzentrierten, narzißtischen, aus jeglicher bürgerlichen familientraditionellen Einordnung und Verantwortung entkoppelten Vereinzelung in unserer Gesellschaft angeführt und in dieser Funktion angesichts ihrer persönlichen Entscheidungsfreiheit und Unabhängigkeit (gerade angesichts der zunehmenden Wohnraum- und Arbeitsplatzknappheit) beneidet; oder sie avancieren als Symptom der bedrohlichen Auflösungserscheinungen des nationalen Ortes der Geborgenheit, der Familie, nach und nach zum Sündenbock, auf den unerfüllte Wünsche und moralische Entrüstung zugleich projiziert werden können" (Katschnig-Fasch 1998, 312).

Nach wie vor scheint der Ledigenstatus als alternative, gleichberechtigte Dauerlebensform gesellschaftlich noch nicht voll anerkannt zu sein. Katrin Baumgarten (1996, 289) beschreibt das Fortleben von Klischees der Unverheiratetgebliebenen. Obgleich die Stereotypen der „Alten Jungfer" und des „Hagestolz" in ihrer Reinform nicht mehr als Bewertungsmaßstab dienen, bleiben sie doch bei der gesellschaftlichen Beurteilung Unverheirateter mehr oder weniger bewusst im Hintergrund.

Dorothea Krüger erläutert, welche Funktion eine Abwertung der Alleinlebenden haben kann. Sie trägt zur Aktualisierung und Stabilisierung bestehender Normalität bei und stützt damit normativ die Kernfamilie. „Als selbstverständliche oder gar gleichrangige Lebensform gegenüber der traditionellen Kernfamilie wird das Alleinleben weder von den Betroffenen selbst noch von der Umwelt angesehen" (Krüger 1990, 129).

3 Singles in den Medien

Durch die Zeitung, das Fernsehen, das Radio ist heute jeder informiert, wie Singles leben, welche Veranstaltungen sie besuchen, wie ihre Einstellung zum Leben ist usw. Dadurch scheint es nicht mehr notwendig, sich ein eigenes Bild „vor Ort" zu verschaffen, wenn man am Leben anderer partizipieren kann, ohne seinen Sessel zu verlassen. Hinzu kommt, dass alle Berichte mit fundierten „sozialwissenschaftlichen" Zahlen, Ergebnissen und Daten komplettiert sind. Damit erweitern die Medien den Vorrat an Wissen, den die verschiedenen gesellschaftlichen Gruppen voneinander haben. Zugleich machen sie jedoch den wirklichen Kontakt zwischen den Gruppen überflüssig. Die Ausschnitte aus den folgenden Artikeln stehen exemplarisch für das mediale Bild über die Singles.

„Pioniere der Moderne" (Der Spiegel)

Die Autoren in „Der Spiegel" (Beier, Schmincke 1999) beschreiben die Singles als „flexibel" und „modern" (Zitate sind dem Bericht „Singles - Pioniere der Moderne" entnommen). „Yuppies" oder „Jungkreative" fallen durch ihre „individuellen Lebensstile" auf. Sie sind „bekennende Singles", die nach gemeinsamen Aktivitäten suchen, sind wohlhabend, jung, kreativ und erfolgreich. Das Singlesein ist für sie eine „kopfgesteuerte Entscheidung". Diese „Solisten bleiben aus Überzeugung unter sich". An Frauen stellen sie den Anspruch, „sie dürfen nicht klammern". Zuwider sind ihnen „Haare im Waschbecken". Organisatorisch gesehen ist es für Jungkreative ein Desaster, mit einer Freundin zu leben. Ein Bedürfnis nach Familie existiert nicht. Arbeit ist Mittelpunkt in ihrem Leben. Freiheit und Selbstverwirklichung im Job ist für sie das Wichtigste. In einem Interview erklärt ein Jungkreativer: „Männer sind von Natur aus freiheitsliebend, bei Frauen ist die soziale Komponente wichtiger. Karrieremänner müssen zu Hause emotional abgefedert werden, dazu muss die Frau bereit sein, sich hinten anzustellen. Bei Karrierefrauen gibt es wenig Männer, die dazu bereit sind. Während der Beruf immer spannend, aufregend und neu ist, nimmt in der Partnerschaft Schwung, Elan, Kreativität und Power mit der Zeit ab."

„Wie die Motten das Licht" (Frankfurter Rundschau)

Diesen Single-Typus beschreibt Roland Mischke (1998) in der *Frankfurter Rundschau* in dem Artikel: „Wie die Motten das Licht. XXL-Restaurants werden zum Massentreff" (Zitate sind diesem Artikel entnommen). Der

„kosmopolitische, dauergehetzte Großstadteremit" hat keine Zeit für Romantik oder Amouren. Er entflieht kurzfristig der durchdesignten Wohnung, spart Kraft, Mühe, Zeit, Energie und findet alles in einem Raum, obgleich meist auf zwei Ebenen. „Verdichtung" heißt das Motto der Erfinder, Designer und Trendsetter, des Katalanen Alfredo Arriba und Sir Terence Conran aus Britannien. Die Rede ist von den neuen „Publikumsmagneten für Singles in den Metropolen Europas. XXL-Restaurants - Großlokale der besonderen Art der Erlebnisgastronomie: der Selbstinszenierung".

„Plötzlich wieder Single" (Focus)

Auch die Zeitschrift *Focus* widmet sich dem Thema Singles. Unter der Überschrift: „Plötzlich wieder Single" (Nele Bode 1998) findet die Autorin heraus, dass in der mobilen Gesellschaft auch das Herz „mobil" ist (dies und die folgenden Zitate stammen aus dem oben genannten Artikel.) Die Rückkehr in das Single-Reich, so lese ich über einen „Zeitgenossen", hat er als „eine Mischung aus Befreiung und innerer Anspannung" erlebt, nun ist es für ihn ein „erlebender Trip in die Selbstverwirklichung".

Nele Bode wertet diese Aussage so: Scheidung ist heute keine biographische Katastrophe mehr. Im Gegenteil: Trennung, im Sinne von einfach gehen, gehört zum „nonchalanten Lifestyle der modernen Austauschbarkeit". In einer Welt, in der alles erhältlich ist, muss auch der Seelenpartner stets griffbereit, aber auch jederzeit entfernbar sein.

Für die Autorin gibt es eine Polarität zwischen „verlassen" und „verlassen werden". Was beim „verlassen werden" geschieht und warum dies nicht das „Lebensende" bedeutet, erläutert Nele Bode mittels wissenschaftlicher Ergebnisse: „Erst einmal tritt beim verlassen werden ein Schock ein. Dies hängt mit einem Cortisolausstoß (Stresshormon) zusammen. Da zuviel Cortisol auf Dauer krank macht, Singles sich aber in der Regel schnell wieder erholen, ist es wahrscheinlich so, dass besessene Liebe oder Mega-Liebe in der Natur nicht vorgesehen ist, sondern eine Erfindung der Moderne". Diese Erkenntnis betone auch der Bielefelder Soziologe Nikolas Luhmann.

Nele Bode konstatiert das geänderte Image vor allem der Single-Frauen. Früher wurden sie als „erotisch ausgetrocknete Frau ohne Begleiter" angesehen, heute bedeutet Single zu sein für sie Unabhängigkeit. Diese wird nicht länger nur als Luxus gesehen, sondern als „Notwendigkeit für Selbstverwirklichung und Abenteuer".

Das Single-Leben müsse man planen, so lese ich, um es auch genießen zu können. Dazu gehöre: individuelles Leben ohne Kompromisse als vorübergehende Zeit zu sehen, souverän und gelassen sein Schicksal im Griff zu haben und damit den Marktwert zu steigern, um möglichst schnell wieder einen Partner zu finden. Plötzlich Single zu sein sieht Nele Bode als eine „Initialzündung". Vor allem Frauen „blühen auf, als wären sie gerade aus dem Gefängnis entlassen". Single zu sein versteht die Autorin als „eine gesellschaftliche Option, aber nicht die erste Wahl und auch kein langstreckentaugliches Lebensmodell".

„Unter Wölfen" (Der Spiegel)

Der Spiegel schreibt im Jahr 2006 (Zitate sind dem Artikel „Unter Wölfen", Gatterburg, Matussek, Wolf entnommen): Kinderlosigkeit wird zur neuen „Leitkultur". Das Programm lautet: „Jeder für sich". Aufgrund von individueller Lebensplanung und dem hohen Wert der Unabhängigkeit bleibt keine Zeit mehr für das, was früher zur Entfaltung der Persönlichkeit dazugehörte – die Familie. Die „Genussgeneration" sieht angesichts der Probleme der Welt keine Motivation, ein Kind zu bekommen. Der modernen „Scheidungsgesellschaft", so das Ergebnis der Autoren, fehlt ein wesentliches Kapital – „das Bindungskapital". Wesentlich für die Bildung dieses Kapitals ist das Vertrauen in „Langfristigkeit". Nur die dauerhafte Form der Ehe garantiert Urvertrauen in andere. Wer selber „egoistisch", „bindungslos", „beziehungslos" ist, produziert entweder keinen Nachwuchs oder Individuen mit den gleichen Eigenschaften.

Präsentationen kulturell korrigierter Organe

Das mediale Bild sieht so aus: Der Single ist kein defizitärer Mensch, denn er kann den Status des Singles infolge des Reichtums unserer Gesellschaft jederzeit ändern. Er kann sich sein Single-Dasein positiv und variabel gestalten. Dabei bleibt ihm aber immer der Konflikt zwischen Autonomie und Intimität. Singles, als Zielgruppe der Dienstleister, sind aufgeschlossen, fröhlich, kontaktfreudig, bereit, dem Schicksal nachzuhelfen. Die Großstadt Berlin ist der ideale Single-Standort.

Wie lässt sich das Gelesene näher analysieren? Beier und Schmincke rücken im *Spiegel* (1999) als Folge der Individualisierung die Polarität zwischen Beruf und Familie in den Blickpunkt ihrer Beobachtungen. Der Blick des männlichen „Jungkreativen" auf die Lebenskonzepte von Männern bringt die Folgen für die Lebensstile der Singles unter dem Aspekt der Ungleichheit zutage: Männer müssen „Karriere" machen, damit ihr Leben spannend und abwechslungsreich bleibt, Frauen wird der häusliche Platz zugewiesen. Sie sind für die familiäre Ordnung zuständig. Frauen, in deren Lebenskonzeption nicht die Familie, sondern die „Karriere" im Vordergrund steht, finden keinen Partner, der sie zu Hause „emotional abfedert".

Das Problem der „doppelten Marktexistenz" (Beck, Beck-Gernsheim 1990), die sich nur sehr instabil mit Familienführung vereinbaren lässt, sehen auch Beck und Beck-Gernsheim als Problem der individualisierten Gesellschaft. Männer und Frauen müssen lernen, sich selbst als Handlungszentrum, als Planungsbüro in Bezug auf die Möglichkeiten und Zwänge ihres Lebenslaufes zu sehen (vgl. ebd. 58 ff).

In der *Frankfurter Rundschau* (Mischke 1998) wird der Lebensstil des Singles als „urban" charakterisiert. Sein hervorstechendes Merkmal ist die Optionalität. „In dieser Wahlmöglichkeit vereinigen sich städtische Haupttugenden wie Freiheit, Heterogenität und Öffentlichkeit. Der Raum, an dem der Lebensstil der Singles festgemacht wird, ist die Großstadt. Sie steht für Freiheit, individuelle Lebensstile und Akzeptanz. Das Dorf steht für „schicksalhafte Verbundwirkung aus wortloser Hilfe und gnadenloser Kontrolle" (Brüggemann, Riehle 1986, zit. nach Schilling 1997, 10).

Hinter den Aussagen von Nele Bode (*Focus*, 1998) steht der Vorwurf des hedonistischen Lebensgenusses. Der Single ist auf der ständigen Suche nach neuen Erlebnissen. Das Erlebnis ist dabei so austauschbar, wie der jeweilige Partner. „Mega-Liebe", die der Single in seinem Erlebnishunger zu finden sucht, weicht von der „Normalität" ab. Während der vorübergehende Single-Status gesellschaftlich akzeptiert wird, schon deshalb, weil das Geschäft mit den Singles floriert, wird die Gruppe der „Solisten", „Jungkreativen" oder „Yuppies" gesellschaftlich als „egoistischer und verantwortungsloser neuer Menschentypus" dargestellt. Der Single wird zum Typus eines neuen Lebensstils - stets gezwungen Außenbeziehungen zu erhalten, um einer möglichen Vereinsamung zu entgehen. Der Lebensstil dieses Singles kann nur von einer nach allen Seiten hin offenen Persönlichkeit gewählt werden. Singles sind danach das Resultat eines hochdiversifizierten Arbeits- und Sozialisierungsprozesses, „Teflonpersönlichkeiten, an denen nichts mehr haften bleibt, was die Lebensführung vermeintlich komplizieren könnte" (Klös 1997, 22).

In den 90er-Jahren boomt das Thema der Singles als ein neu entdecktes Phänomen. Zehn Jahre später geht es in den Medien weniger um den Typus des Singles als Egoisten, sondern um die Folgen der egozentrierten Singularisierung: Allein erziehende Verunsicherte, kinderlose Erlebnissucher, familienfeindliche Verantwortungslose, das ist der neue Medientrend. Familie als höchster Wert wird bei steigenden Arbeitslosenzahlen, dem Problem der Versorgung der Alten, der Integration hier lebender (zeugungswilliger) Zuwanderer zum existentiellen Überlebensthema. In einer Zeit, in der immer mehr staatliche Verantwortungsbereiche privatisiert werden, sind die „ureigensten Werte" von Frauen angesprochen: „Selbstlosigkeit" und „Aufopferungsfähigkeit". Frauen werden als „sozialer Kitt", als das „widerstandsfä-higere Geschlecht", als „Organisatoren für das Überleben" herangezogen.

Typisierung und Vorurteil

Sozialpsychologische Aussagen erläutern, wie Typisierung und Vorurteil entstehen. Nach Ulrich Nußbeck wird eine Abweichung von der Norm in ei-ner Gesellschaft nie gleichgültig hingenommen. Herabwürdigung, Diskrimi-nierung und Ausgrenzung erfolgen nach dem gleichen Muster wie bei ande-ren „Normabweichlern" und Außenseitern wie beispielsweise die Gruppe der Obdachlosen. Jene, die sich auf Dauer dem sozialen Druck nicht fügen wollen oder können, haben in den Augen ihres sozialen Umfeldes ein ge-meinsames Merkmal, das sie auf Dauer zu einer Sub-Gruppe bzw. Minorität macht. Vertreter einer andersartigen Lebensform werden dann nicht mehr als Individuen wahrgenommen, sondern auf eindimensionale Vorstellungs-bilder mit wenigen, zumeist negativen, meist generalisierenden Merkmalen reduziert. Physiognomie, Lebens- und Kleidungsgewohnheiten, Charakter, Intelligenz, Einstellung zu Beruf und Gesellschaft werden dabei als An-knüpfungspunkte verwendet. Einzelne Vorurteile und Klischees über ver-meintlich spezifische Wesens- und Verhaltenseigenarten formieren sich schließlich zu Stereotypen, welche sich von äußerster Dauerhaftigkeit er-weisen (vgl. Nußbeck 1994, 5).

Der Sozialpsychologe Gordon Allport beschreibt das Phänomen der Vor-urteilsbildung als „Denken in Kategorien". Der menschliche Verstand braucht Kategorien im Sinne von Verallgemeinerungen, rationale Kategori-en ebenso wie irrationale. Die kürzeste Definition des Vorurteils lautet: „Von anderen ohne ausreichende Begründung schlecht denken". Neben dem Vorurteil aus Kategorienbildung gibt es das Stereotyp, das eine feste Vorstellung, die eine Kategorie bildet, begleitet als „festes Merkzeichen der Kategorie". Die Wirkungsweise des Stereotyps besteht darin, differenziertes Denken über Begrifflichkeiten zu verhindern. Das Stereotyp wirkt „als Ent-wurf zur Rechtfertigung für kategorische Annahme oder Ablehnung einer Gruppe und als Prüfungs- und Auswahlentwurf, um Denken und Wahrneh-mung einfach zu halten" (Allport 1971, 200).

Die Medien präsentieren Stereotype und Vorurteile, die den gängigen Gesprächsthemen folgen. Wenn sie darüber berichten, dass alle Singles die-selben Eigenschaften haben, erspart sich der Leser die Mühe, sie als Indivi-duen zu betrachten. Der Single wird zu einem Phänomen der „Moderne", deren charakteristische Zuschreibungen auf gesellschaftlichen Veränderun-gen basieren: zwischen den Geschlechtern, den Generationen, den sozialen Beziehungen.

40

Journalisten beeinflussen, bilden Meinungen, präsentieren „Tatsachen“, die zur Steigerung der Auflage beitragen. Die Darstellung des Singlelebens erweist sich als ein Gebiet, in dem wissenschaftliches Wissen reflektiert und „vereinfacht“ an den interessierten Leser weitergegeben wird. Beck erklärt das so: „Reflexive Modernisierung, die auf die Bedingungen hochentwickelter Demokratie und durchgesetzter Verwissenschaftlichung trifft, führt zu charakteristischen Entgrenzungen von Wissenschaft und Politik. Erkenntnis- und Veränderungsmonopole werden ausdifferenziert, wandern aus den dafür vorgesehenen Orten ab und werden in einem bestimmten, veränderten Sinn allgemein verfügbar“ (Beck 1986, 252).

Was das Single-Dasein nun tatsächlich ist und was es bedeutet, wird bislang wenig hinterfragt. Sichtbar wird in der Single-Debatte ein Spektrum von Stereotypen, dass sich vor allem auf die „freiwilligen Singles“ konzentriert: Besserverdienende, begehrte Junggesellen, dynamisch Kreative, soziale Einzeller, wohlhabende Yuppies. Ihre Lebensmaxime sind laut Medien: erfolgreich im Beruf, immer auf der Pirsch, im Penthouse lebend, nichts und niemand verpflichtet außer dem eigenen Lebensstil.

Beschrieben wird ein neuer Gesellschaftstyp von Egoisten und Verantwortungslosen. Provoziert wird bei der Leserschaft eine kulturpessimistische Stimmung, die Stereotypen nährt und verhindert, sich eine Vorstellung davon zu machen, was unterhalb der gewohnten Stereotypen geschieht (vgl. Rötzer 1997 im Gespräch mit Ulrich Beck).

4 Kreatives Kochen

Die Küche (das Kinderzimmer, die Kirche) war früher der richtige Aufenthaltsort, der legitime Wirkungskreis der Frau. Bis zum Ersten Weltkrieg galt das Geschlechterbild, wie es in Schillers „Glocke" gezeichnet wird. Der Mann durfte hinaus ins feindliche Leben, durfte wirken und streben und pflanzen und schaffen, erlisten und erraffen. Für die Frau galt: Und drinnen waltet die züchtige Hausfrau, die Mutter der Kinder, und herrschet weise im häuslichen Kreise. Was sie dabei am Küchenherd zuwege brachte, nannte man nicht Hausfrauen-, sondern Hausmannskost. Dem Wandel der traditionellen Geschlechterrollen tragen die Volkshochschulen in Frankfurt und Umgebung Rechnung mit Kursen wie „Selbst ist der Mann - Haushaltskurs für junge Männer" und „Selbst ist die Frau - Wochenendkurs, kleine Reparaturen im Haushalt selbst gemacht". Während es in früheren Zeiten klare Rollenverteilungen in der Familie gab, muss der Single heute Haushalt und Beruf alleine organisieren.

Der Kochkurs „Kreativ Kochen für Singles und kleinere Haushalte" ist für beide Geschlechter konzipiert. Im Programmheft der VHS Dietzenbach kündigt die Kursleiterin Anne an: „Dieser Kurs wendet sich an alle, die sich gerade vom ‚Hotel Mama' verabschiedet haben oder dies demnächst vorhaben. Unter Gleichgesinnten eignen Sie sich die notwendigen Grundkenntnisse des Kochens an. .... Die Menüauswahl ist auf den kleinen Haushalt abgestimmt. Bitte Schürze und ein Geschirrtuch mitbringen."

Anne erzählt mir über ihren Kurs: „Das ist ein Kurs, wo man kochen lernt oder erlernen kann. Das ist in unserer Welt out, die darauf aus ist, das bisschen Haushalt, das macht doch ‚Meister Propper' und ‚der General'. Man lernt nur noch das, was interessant ist, wo Initiative ist, wo Verantwortung ist. Das sind die Kurse, die positiv laufen, wo ich Geld verdienen kann, wo ich Nachweise bringen kann, wo ich sagen kann, wie gut ich bin, wo ich also wirklich was für mein Wohlbefinden tue. Und Kochen, das kann ja jeder. Ich mache ein Päckchen ‚Maggi' auf, schütte Wasser drauf, nix dahinter. Dieser Titel ist gewählt worden, um dieses Wort ‚lernen' anders zu umschreiben. Heute ist es nicht mehr en vogue zu sagen, ich lerne von Mama, sondern es muss ein Experte vermitteln. Mutter ist nicht mehr modern, also ist es wichtig, es zu institutionalisieren. Es ist hier in Volkshochschulen eine ganz andere Art und Weise gefragt, Leuten Sachen rüberzubringen, die an und für sich gesellschaftliche Norm sind. In den Kursen ist es eher wichtig, dass es Spaß macht. Spaß macht, kreativ kochen lernen. Kreativ sein heißt spielen, mit etwas spielen, was ich kenne oder kennen lerne. Bewusst machen von täglichen Sachen."

Der Kochkurs in Dietzenbach

Am Kurs „Kreativ Kochen für Single und kleinere Haushalte" beteilige ich mich als „beobachtende Teilnehmerin". Ich werde selbst zur Akteurin, die das Gruppengeschehen mit gestaltet.

Die Einführung

Es ist Mittwochabend, 18.30. In der Schulküche der Ernst-Reuter-Schule in Dietzenbach versammeln sich elf Teilnehmer. Acht Frauen und drei Männer, die Kursleiterin und ich sitzen zusammen am Tisch und stellen sich vor. Nach Absprache mit der Kursleiterin nehme ich nicht „under cover" teil, sondern erläutere, dass ich erfahren will, wie Singles ihren Alltag gestalten und auf der Suche nach Interviewpartnern bin.

Die Kursleiterin fragt nach Gründen für die Teilnahme. Genannt werden: „das Lernen leichter machen, das erfahren, was nicht in den Kochbüchern steht" (Annette, 20 Jahre), „Spaß haben" (Sabine, 23 Jahre), „Grundkenntnisse erwerben" und „für Gäste kochen können" (Dina, 25 Jahre), „die deutsche Küche kennen lernen, nicht nur chinesisch oder italienisch essen" (Sandra, 25 Jahre), „etwas Gemeinsames mit meiner Freundin machen" (Klaus, 30 Jahre), „mein Freund soll Kochen lernen" (Ursula, 26 Jahre, Freundin von Klaus), „Bratkartoffeln knusprig braten können" (Horst, 48 Jahre), „gemeinsam mit der Freundin Spaß haben" (Manuela, 26 Jahre), „vom Grundsatz her lernen" (Roswitha, 26 Jahre), „experimentieren, Neues erfahren, Tricks wissen, Spaß mit Können verbinden (Jörg, 35 Jahre), „für meinen Jungen etwas Neues finden" (Karin, 37 Jahre, Mutter eines 9-jährigen Jungen), „deutsche Küche lernen" (Hue, 30 Jahre, Koreanerin, die auch einen thailändischen Kochkurs bei der VHS belegt hat).

Gelockt haben die Teilnehmer die Begriffe „kreativ" und „Single". „Kreativ sein bedeutet für mich, meinen eigenen Geschmack herauszufinden und bewusster zu essen", erklärt Horst, „wie schmeckt ein Gewürz, was passt zusammen." Jörg stellt eine Beziehung zwischen Kochen lernen und Singleleben her: „Singles stehen im Geruch, nicht Kochen zu können, das will ich widerlegen."

Wir hören eine Stunde lang Grundlegendes, bevor wir uns in vier Gruppen aufgeteilt an die Praxis begeben dürfen. „Kreativ lernen", meint Anne „heißt wissen, welches System dahintersteckt. Ein Beispiel liefert die Salatzubereitung, Essig, Kräuter, Zwiebel, Gewürze und Öl sind obligatorisch, zum krönenden Saucenabschluss gehört immer eine Prise Zucker." Sie lehrt nach dem Kochbuch „Kochen und Garen nach Grundrezepten", das eigentlich ein Kinderbuch ist und durch seine Bebilderung anspricht. Das alleine genügt aber nicht: „Kreativ sein heißt, Sie haben Geschmack, und ich will, dass Sie für Ihren Geschmack gerade stehen."

Zwischen hacken, füllen, abschmecken erzählen die Teilnehmer über ihre Alltagserfahrungen.

„Ich bin wegen der kleinen Mengen gekommen. Es ist schwierig, kleine Mengen einzukaufen. Darum will ich wissen, wie man die Reste verwenden kann", erläutert Manuela.

Karin kann eigentlich sehr gut kochen. Sie hat gerade den Kurs „Zeitmanagement und Kommunikation" bei der gleichen Kursleiterin besucht und gelernt, „dass man als Single mindestens zweimal die Woche raus muss, um sich selber etwas Gutes zu tun. Als Kindergärtnerin hat man jeden Mittag sein warmes Essen, aber ich muss für meinen Sohn vorkochen, der muss sich sein Essen alleine aufwärmen. Der ist schon jetzt vollständig selbständig. Das ist gerade dann wichtig, wenn man alleine erzieht." Karin berichtet, dass sie mit fünf Geschwistern aufgewachsen ist und dass Selbständigkeit das wichtigste für jeden Menschen ist. „Ich empfinde mich als Single, weil ich keinen festen Partner habe", erzählt sie. Der Vater ihres Sohnes fühlt sich für das Kind nicht verantwortlich. Andere Männer schreckt die Verantwortung für ein „fremdes Kind". So muss sie Berufstätigkeit, Haushalt, Kindererziehung alleine bewältigen. „Das ist oft ganz schön schwer", meint sie.

Klaus rollt die Frikadellen und freut sich, dass er sich selber etwas Gutes tut. „Täglich hat man ja zu wenig Zeit zum Kochen, ich will es aber können." Er wirkt auf mich sehr aufgeschlossen und meint: „Alleine hätte ich keine Motivation, hierher zu kommen. Ich war fünf Jahre lang Single, die Zeit möchte ich nicht missen. Seit Januar bin ich wieder mit jemandem zusammen. Ich brauche jemanden, der mich mitzieht." „Essen", lässt mich Klaus wissen, „ist sehr wichtig. Meine Mutter kocht immer so reichhaltig für mich. Das habe ich da so gelernt. Obwohl ich Geistesarbeiter und kein Bauarbeiter bin, sie verstehen, ich muss eigentlich nicht so viel Essen. Aber meine Mutter findet so wichtig, dass man handfest isst. Ich bin es von zu Hause gewöhnt, dass der Tisch schön gedeckt ist, das habe ich von meiner Mutter gelernt. Ich mache zwar nicht so ein Brimborium ums Essen, aber schon um einen schön gedeckten Tisch. Jetzt will ich auch, dass etwas Gutes auf dem Tisch steht. Mal schauen, wie das die anderen Leute so machen."

Annette rührt in der Spaghettisauce. Ihr macht das Kochen offensichtlich viel Freude. „Ich finde es witzig, Leute kennen zu lernen. ... Meine Eltern sind seit drei Jahren geschieden, da gab es keine Gelegenheit, Kochen zu lernen."

Roswitha berichtet, dass sie noch bei ihrer Mutter wohnt, aber seit kurzem kein Single mehr ist, weil sie einen Freund hat: „Wenn ich mal kochen darf, dann steht meine Mutter immer hinter mir. Ich will jetzt mal was alleine für mich lernen, das kann ich ihr dann auch mal zeigen. Wenn Mutter und ich alleine sind, essen wir immer in der Küche. Wenn mein Freund kommt, essen wir im Wohnzimmer und ich mache es richtig gemütlich. Jetzt will ich auch für ihn kochen können, wenn wir mal zusammen ziehen." Roswitha fühlt sich nicht mehr als Single, seitdem sie einen festen Freund hat. Sie träumt von einer gemeinsamen Zukunft. Im Moment findet sie es aber gut, wenn jeder seinen eigenen Interessen nachgehen kann und seinen Freundeskreis beibehält: „Wir sehen uns ja schließlich täglich auf der Arbeit, da muss man nicht auch noch jeden Abend zusammen hocken."

Ursula schichtet die Lasagneblätter aufeinander und gießt die Bechamelsauce darüber. Sie erzählt mir, dass sie nicht mehr Single ist und mit ihrem Freund Klaus zusammen lebt. Sie legen beide viel Wert auf einen schön gedeckten Tisch. Fürs Essen kochen will sie nicht mehr alleine verantwortlich sein. Darum hat sie ihren Freund davon überzeugt, dass es für beide schön ist, wenn er Kochen lernt. Sie hat lange alleine gelebt, und als Single hatte „Essen für mich keinen Stellenwert. Ich habe vor dem Fernseher etwas in mich hineingeschlungen." Seit sie Klaus kennt, ist alles anders. Er legte von Anfang an großen Wert auf den schön gedeckten Tisch. Seitdem hat Essen für Ursula eine große Bedeutung: „Man muss, auch wenn man alleine isst, bewusst essen. Da wird man nicht so dick, und es ist besser als vorm Fernseher sitzen. Ich bin das von meinen Eltern gewöhnt, dass man aufs Essen achten muss. Ich esse am schön gedeckten Esstisch in der Küche, genau wie meine Eltern." Auch für Ursula ist jemand, der einen festen Freund hat, kein Single. „Die Zeit als Single war für meine persönliche Entwicklung sehr wichtig", meint sie, „aber wissen, zu wem man gehört, das ist doch schöner. Überzeugter Single war ich nie, leben als Single hat sich so ergeben, weil man keinen passenden Partner gefunden hat."

Horst ist recht zurückhaltend. Während er sich mit den Frikadellen abmüht, erklärt er, dass es ihm unheimlich schwer fällt, aus Kochbüchern zu lernen. Um mehr über ihn zu erfahren, setze ich mich beim anschließenden gemeinsamen Essen ihm gegenüber. Neben mir sitzt Hue. Horst kocht selten für sich alleine, entlocke ich ihm, weil es ihm auch nicht gut gelingt. Er hasst Tischdecken, weil man sich darin immer verfängt, und er liebt Kerzen.

Hue freut sich über ein Gespräch über das deutsche Essen, das ihr hervorragend schmeckt. Der Chicorée sei etwas bitter, so wie es auch in der koreanischen Küche üblich sei. „In Korea gibt es keine Trennung zwischen Küche und Wohnzimmer", erzählt sie mir. „Es gibt einen Tisch, ganz nach dem amerikanischen Vorbild, wo man sich zu festen Mahlzeiten versammelt. Auf dem Boden zu essen ist altmodisch und wird nur noch von den Leuten auf dem Land praktiziert. Leute in der Stadt wohnen und essen nach dem amerikanischen Vorbild."

Hue ist seit 13 Jahren in Deutschland und unglücklich darüber, dass sie trotz zahlreicher Deutschkurse immer noch nicht akzentfrei und grammatikalisch einwandfrei Deutsch sprechen kann. Sie arbeitet bei der Lufthansa als Bodenhostess und ist verantwortlich dafür, dass ausländische Gäste auch in Paris sich bei ihrer Ankunft wohl fühlen. Hue und ihr Team fliegen dann voraus und arrangieren ein kleines Buffet für die erwarteten Gäste. Meistens würde dabei englisch gesprochen. Hue lebt mit ihrem Freund zusammen in Dreieich. Sie betont, dass sie kein „Single" sei und einfach nur kochen lernen wolle.

Sich näher kommen

Es ist wieder Mittwoch, und wir sitzen um den Tisch herum. Ursula ist alleine gekommen, Klaus sei erkrankt, auch Jörg fehlt, was Annette sehr bedauert, sie wollte gerne mit ihm kochen. Horst bietet sich sofort als Ersatzmann an, was aber abgelehnt wird: „Ich möchte lieber mit meiner Freundin zusammen kochen."

Horst hat für Annette eine Schürze mitgebracht, die gleiche, die er auch trägt, mit der Aufschrift „Ich stell' mein Herz auf Sommerzeit", „ein Roman von Erna Brombach", wie er ihr erläutert. Er fragt Sandra, ob sie heute seine Partnerin sein wolle, bekommt aber auch da eine Absage. Wer sich kennt und gemeinsam gekommen ist, will auch gemeinsam kochen, es sei denn, das Interesse gilt über das Kochen hinaus einer ganz bestimmten Person. Als ich Horst frage, ob er mit mir kochen will, ist er sehr zufrieden. „Ich dachte schon, ich müsste hier ganz alleine vor mich hinwurschteln", meint er. Horst entscheidet sich für eine Hühnersuppe mit Gemüse, scharf-sauer, nach chinesischer Art.

Er plaudert bei der Zubereitung über seinen Beruf als „Promoter". Er verhandelt mit Agenturen über Stars, die er vermittelt. Stolz berichtet er über Cornelia Froboess und Charles Regnier, die er persönlich kenne und vermittelt habe. Während Horst plaudert, putze ich das Gemüse, schneide die Champignons, schäle Zwiebeln und Kartoffeln. „Das liegt mir nicht so", meint er. Als künftiger Alleinlebender müsse er sich an das Essen kochen

46

erst noch gewöhnen. Bislang habe er zehn Jahre lang in einer festen Beziehung gelebt und sehr selten Zeit für Küchenarbeit gefunden. Nun, in der Phase des „Umbruchs", sei es an der Zeit, auch „in diesem Metier Grundkenntnisse zu erlangen." Beim Abschmecken und Würzen beweist Horst, dass er viel im Kochkurs gelernt hat: „Ich kann nun Kreativität beweisen und mit Gewürzen hantieren."

Das Singleleben ist für Horst Neuland. „Ich bin nie lange alleine gewesen", erzählt er mir, „das will ich auch gar nicht. Ich brauche eine feste Beziehung und will nicht alleine leben." Single ist für Horst nur ein „moderner Begriff". Das erläutert er näher: „Niemand ist im eigentlichen Sinne Single. Ich meine, sonst müsste er tatsächlich wie Robinson Crusoe auf einer einsamen Insel leben. Wir alle sind aber von einem festen Netz von Freunden, Bekannten oder Familienmitgliedern umgeben. Als Single leben bedeutet, alleine leben, und das ist ein Widerspruch dazu, dass gerade die, die alleine leben, angeblich unbedingt viele Freunde brauchen."

Der Abschluss

Das letzte Mal. Alle sind erschienen – bis auf Klaus, der an einer schweren Magen- und Darmgrippe leidet, wie seine Freundin Ursula uns wissen lässt. Horst will sofort mit mir kochen. Die anderen bleiben bei ihrer Gruppenaufteilung, bis auf Hue und Ursula, die es heute miteinander versuchen wollen.

Es haben sich feste Teams gebildet, die gut aufeinander eingespielt sind. Alle wirken sehr konzentriert und ernst, nur von der Gruppe Annette, Sabine und Jörg klingt lautes Lachen herüber. Man bereitet eine Pizza und amüsiert sich über den Belag aus Schinken, Salami und Käse. Für jeden wird eine besondere Ecke zubereitet.

Während der Auflauf im Ofen bruzzelt, geselle ich mich zu Hue und Ursula, die kleine Törtchen für den Nachtisch zubereiten. Ursula backt nicht zum ersten Mal. Ich wundere mich darüber, warum sie einen Anfängerkochkurs besucht. „Man lernt immer noch dazu", antwortet sie ausweichend.

Roswitha kocht mit Karin, die noch nicht einmal auf die Rezepte schauen muss. Sie zeigt Roswitha wie es geht und entlastet damit Anne. „Hauptsache, ich bin mal wieder unter Leuten", meint sie. Roswitha kocht alles zu Hause nach, „Sonntags, wenn mein Freund kommt."

Beim Abschlussessen sitze ich neben Sandra, die erklärt: „Das Kochen lernen ist eine Basis, um mit Freunden oder dem Partner eine Gemeinsamkeit zu haben.".

Ihre Freundin Dina bedauert darauf hin, dass sie immer noch alleine für das Kochen zuständig ist. „Mein Freund lehnt es ab, mit mir zu kochen. Der hilft überhaupt nicht im Haushalt, geht nur manchmal einkaufen. Jetzt habe ich neben meinem Beruf auch noch den Haushalt am Bein. Wir sind schon sechs Jahre lang zusammen, aber er will, dass ich weiter arbeiten gehe, den Haushalt mache, und heiraten will er auch nicht, damit ich endlich zu Hause bleiben kann."

Manuela fällt in das Gespräch ein und betont: „Auch wer in einer festen Partnerschaft lebt, muss etwas für sich selber tun."

Roswitha berichtet uns, sie träume von einer gemeinsamen Zukunft mit ihrem Freund. „Noch lebe ich bei der Mutter, von der ich aber Kochen nicht lernen will. Neues ausprobieren, eigene Wege finden, der Mutti beweisen, dass ich auch Eigenes kann, ist meine Motivation. Ich will meinen Freund abends seinen Hobbys nachgehen lassen und brauche etwas Eigenes, das Kochen."

Karin gibt sich locker: „Ich bin zwar enttäuscht von der Partnerschaft mit dem Vater meines Kindes, aber ich will auch Spaß haben. Ich muss vor allem abends raus, unter Leute kommen, egal ob Kochkurs, Disco oder Sportverein. Ich suche nach einem Partner mit Verantwortung, der auch das Kind akzeptiert."

Annette erzählt uns, dass sie durch das Kochen lernen glaubt, Kennerschaft erworben zu haben: „.Endlich ist mir ein Wissen vermittelt worden, das man nicht in Kochbüchern findet. Ich finde es auch gut, dass dieser Kurs speziell für Singles angeboten wird. Für mich bedeutet das, ein Treffen mit jungen, gleichgesinnten Leuten, nicht verheirateten, älteren Leuten." Auch Annes Ankündigung „weg vom Hotel Mama" impliziert für sie „auf Leute treffen, die demnächst von zu Hause ausziehen wollen." Annette erzählt: „Ich lebe mit meinem Vater zusammen. Seit der Trennung meiner Eltern, ist es zu Hause nicht mehr gemütlich. Kochen bedeutet für mich, wieder eine familiäre Atmosphäre zu schaffen, weil ich kein intaktes Familienleben mehr habe. Es war keine Zeit da, zu Hause Kochen zu lernen."

Sabine lebt im festen Familienverbund und lässt mich wissen: „Ein Freund wäre zwar schön, ist aber im Moment nicht so wichtig. Ich will kochen lernen, weil ich meinen Gästen beweisen will, was ich drauf habe."

Nach dem Spülen verabreden sich Ursula, Hue, Jörg, Horst und ich zu einem „Abschlussdrink". Die anderen eilen nach Hause, ohne Adressen ausgetauscht zu haben. In den vier Wochen haben sich keine neuen Freundschaften oder Gemeinsamkeiten entwickelt.

In der kleinen Runde erzählt eine traurige Ursula von ihrer Enttäuschung. Sie ist wieder Single. Sie sucht einen Partner, der sich auch nach „außen hin zu mir bekennt, damit ich weiß, wo ich hingehöre. Einesteils kein Single mehr zu sein, weil man einen Partner hat, und andererseits doch alles alleine machen zu müssen, ist nicht meine Vorstellung von Partnerschaft." Ursula gehört wieder zum Kreis der Singles, das muss sie erst einmal verarbeiten.

Auch Jörg ist auf der Suche, wie er mir verrät, „aber er lässt die Dinge erst einmal reifen." Jörg und ich verabreden ein Interview. „Ich habe keine Scheu über mich zu sprechen," verrät er. Ursula lehnt ab, „das reißt wieder Wunden auf, die gerade mühsam verheilen."

Hue ist fröhlich, sie will in zwei Tagen mit ihrem Freund nach Sankt Moritz fahren. „Der ist so lieb, so lustig, wir haben so viel Spaß miteinander." Hue ist lange in Deutschland. Sie ist „kein Single, denn mein Partner passt zu mir, ist locker, man hat viel Spaß mit ihm, er schaltet vom Beruf abends ab." Hue empfindet das Single-Dasein als ein Manko. Sie betont, dass sie nicht mehr sucht. Sie will ihrem Freund zeigen, dass sie seine Kultur versteht, sie „lernt für ihn deutsch kochen." Deutsch kochen heißt für sie, „sich anzupassen, dem Mann zuliebe seine Kultur zu verstehen."

Horst ist frustriert. Er muss nach neuen Wegen suchen, um seinen Alltag alleine zu bewältigen, und gleichzeitig sehen, ob sich nicht was Neues ergibt. „Ich suche nach einer Partnerin, die mich aus der Einsamkeit erlöst und neue Impulse gibt. Das Kochen ist für mich ein Medium, um neue Techniken zu erlernen und neue Kontakte zu knüpfen."

Kochen in Dreieichenhain

Dreieichenhain, vor den Toren Frankfurts gelegen, ist durch die Hainer Burg, ein viel besuchter kultureller Veranstaltungsort, recht bekannt. „Die Burg Hain", so lese ich bei Michaele Scherenberg nach, „ist aus einem ottomanischen Königshof hervorgegangen und lag im Zentrum des ehemaligen königlichen Wildbannforstes Dreieich. Wegen seiner für die Jagden der Kaiser und Könige abgerichteten Hunde wurde der Ort scherzhaft ‚Hundestall' genannt. Die Burg Hain erlangte aber auch durch die Koch- und Essgewohnheiten ihrer Bewohner einen Bekanntheitsgrad. Die Grafen von Isenburg, denen Burg und Forst gehörte, luden nach Falkenjagd und Sauhatz zu festlichen Gelagen mit Speisen, Musik und Tanz in ihre Burg ein. In den ‚Wochenküchenbüchern' findet man die Essgewohnheiten der hohen Herrschaften. Beim Besuch der königlichen Familie reisten ein Koch und ein Küchenjunge mit, die die ‚Hofmeisterin' von Dreieichenhain mit ihren Mägden unterstützten. Ein altes überliefertes Rezept ist der Schweinepfeffer, bestehend aus Schweinefleisch, kleingeschnittenem Schwarzbrot, Roggenmehl, Zwiebeln, Lorbeer, Nelken, Wachholderbeeren, Knoblauchzehen, einer Möhre und einer Tasse Schweineblut" (Scherenberg, Stier 1990, 5).

Die VHS Dreieich hat Annes Beschreibung geändert: „Spaß am Kochen und Ausprobieren von Rezepten, evtl. auch eigener Ideen, soll in Verbindung mit der Vermittlung notwendiger Grundkenntnisse des Kochens Ziel des Kurses sein. ... Die Menüauswahl ist auf den kleinen Haushalt abgestimmt."

Die Einführung

Am Donnerstag um 18.00 Uhr sitze ich mit Anne beim VHS-Kochkurs in Sprendlingen, einem Ortsteil von Dreieich. „Kochen", meint Anne, „das ist Erinnern, an Gerüche, an Geschehnisse, an Mutter, an Fernsehen, Dinge, die man schon einmal gesehen hat. Dabei gehört zum modernen Kochen das Wissen, dass sich Essgewohnheiten ändern. Früher gehörte es zum guten Ton, nach Zwiebeln zu stinken, heute ist genau das Gegenteil der Fall. Alltagswissen wird nicht von der Mutter vermittelt, sondern muss institutionalisiert werden. Vermittlung von Alltagswissen für Singles bedeutet, dass die Kreativität angeregt und gefördert werden soll." Fünf Männer über 50 Jahren, zwei Frauen Mitte Zwanzig, drei Mädchen von 15 Jahren und eine Frau von 50 Jahren interessieren sich dafür, wie man Spaß am Kochen bekommt und eigene Ideen realisieren kann.

Gregor ist per Zufall hier. „Ich will dazu lernen, nicht immer im Restaurant essen, kann keine Schnellgerichte mehr sehen." Er hofft zu lernen, „wie man kleine Mengen kocht, denn im Supermarkt und in Kochbüchern ist alles auf größere Mengen ausgelegt." Er outet sich sofort als Single.

Hans-Ulrich ist im Vorruhestand. „Ich will das, was ich hier lerne, zu Hause anwenden, um mir ein Erfolgserlebnis zu gönnen." Hans-Ulrich und Gregor treffen sich zufällig hier. Sie waren beide Angestellte bei der Lufthansa. Während Hans-Ulrich sich nun ganz seiner Familie widmen kann und seine Frau im Haushalt zu entlasten wünscht, betätigt sich Gregor als Komparse beim Fernsehen. „Er ist Single aus Leidenschaft", meint Hans-Ulrich über ihn.

Iris, Vera und Semina sind noch zu jung für die Tanzstunde: „Da wollen wir nächstes Jahr hin. Wir wollen am Wochenende zusammen kochen, weil es langweilig ist, immer nur aus der Tiefkühltruhe zu leben." Die drei jungen Mädchen verstehen sich als Singles, weil sie im Moment keinen Freund haben. Für sie ist das Miteinander in der Gruppe entscheidend und die Option, zu Hause eine Gemeinsamkeit zu haben, die ihnen Freude macht und auch eine gewisse Kennerschaft voraussetzt.

Ingrid, ca. 50 Jahre alt, kann kochen, sie will aber „alles noch besser machen." Ingrid ist mit Siegfried hier, weil sie etwas Gemeinsames unternehmen wollen. „Ich bin aber trotzdem Single, denn ich lebe alleine und organisiere alles selbst." Siegfried will „das 1 x 1 lernen. Ich bin immer bekocht worden, jetzt will ich selber mal bekochen."

Wilfried wünscht, „endlich über das Spiegelei hinaus zu kommen. Bei meiner Tochter und mir gibt es immer nur kalte Küche."

Anke, Mitte 20, wohnt bei den Eltern, die beide berufstätig sind: „Ich habe genug vom Kantinenessen."

Herr Huber nennt seinen Vornamen nicht. Er ist Ende 50, hat eine Mikrowelle zu Hause: „Ich habe mich eigentlich ganz impulsiv entschieden, hierher zu kommen. Jetzt weiß ich eigentlich auch nicht, was ich hier soll. Ich will nicht kochen, denn wenn ich daheim anfange, fehlt immer etwas, wie z. B. ein Ei, und dann packe ich alles wieder weg. Heute will ich mir das hier mal ansehen, aber ich glaube nicht, dass ich noch mal komme."

Andrea, ebenfalls Mitte 20, ist wegen ihres Mannes hier: „Dem schmeckt es bei mir nicht. Die Frau muss zu Hause alles so machen, wie er es von der Mutter her kennt. Mein Mann will keine Emanze." (Andrea kommt nur am ersten Abend.)

Gruppeninteraktionen

Die drei Mädels bilden in den vier Wochen ein festes Team. Plaudern nebenbei über die Schule und ihre Eltern und vermitteln den anderen, dass sie gerne unter sich bleiben möchten. Sie sind kreativ. Bringen auch mal neue Rezepte mit und sind mit Eifer bei der Sache.

Für Gregor ist es selbstverständlich, dass er mit „Uli", so nennt er Hans-Ulrich, kocht. Gregor möchte gerne interviewt werden und alles über sich erzählen. Er sei neuen Dingen gegenüber immer aufgeschlossen. Er flirtet, genießt beim Kochen bereits den Wein, prostet seinem Freund und mir zu. „Lebenskünstler, Schauspieler, Genussmensch", so will er verstanden werden. Ihm gefällt, „wie Anne das managt." Er will nicht lernen, das sei eine Doktrin, sondern „kreieren". Herr Huber schließt sich an: „Ich passe altersmäßig dazu, sie sind Männer und ich will ihnen über die Schulter gucken."

Siegfried und Ingrid sind ein fest eingespieltes Paar. Sie sagt ihm, was er machen soll. Er schweigt dazu. Für Ingrid und Siegfried ist Kochen im Kochkurs eine „Generalprobe" für das gemeinsame Kochen in der eigenen Wohnung.

Wilfried und Anke agieren wie Vater und Tochter – kameradschaftlich, sich gegenseitig respektierend und ausschließlich am Kochen interessiert, „um es dann zu Hause vorzuführen." Wilfried lebt mit seiner Tochter alleine. Anke ist im gleichen Alter wie seine Tochter. Im Kochkurs entsteht die gleiche Konstellation, wie sie später zu Hause sein wird. Anke akzeptiert Wilfried in der Rolle des Vaters: „Ich stelle mir das Kochen zu Hause genau so vor."

Herr Huber und ich kochen in der Gruppe von Uli und Gregor zu denen an einem Abend auch Hue aus der Kochgruppe in Dietzenbach hinzukommt. Sie verstehen sich als „Lufthansa-Gruppe" und „Insider". Ich empfinde Herrn Huber und mich als „Outsider". Das hat zunächst einmal mit der Sprache zu tun, die innerhalb der Lufthansa-Gruppe ein Ausdrucksmittel von Wissen darstellt. Damit ist kein kognitives Wissen, sondern ein Spezialwissen verbunden, das während der Ausbildung bei der „LH" (= Lufthansa) vermittelt wurde und von den „Angehörigen" gewissermaßen „inkorporiert" ist. Dieses Wissen besteht beispielsweise aus Abkürzungen innerhalb und außerhalb des Flughafens. Und die Gespräche drehen sich weitgehend um Internes am Flughafen oder um Reisen.

In die Bedeutung der Abkürzungen werde ich eingeweiht, während Herr Huber lächelnd daneben steht und schweigt. Er ist „ein armer Kerl, der seine Frau verloren hat. Man muss ihn integrieren", flüstert Uli mir zu. Da ist z. B. von „Drei-Letter-Code" die Rede (FRA steht für Frankfurt), vom „briefing" (= Vorbesprechung), vom „Purser" (= Chef der Kabinenbesatzung).

Das sieht dann so aus, dass Uli, bevor wir kochen, erst einmal ein briefing vorschlägt, in dem festgelegt wird, wer die Zwiebeln schneidet oder den Salat wäscht. „Ede Wolf, das ist der Spitzname für Gregor", erfahre ich von Hue. Er sorgt dafür, dass die Zwiebeln und der Salat bereit liegen. Was damit zu geschehen hat, entscheidet Uli: „Du bist der Purser, sage Du was Sache ist", ruft Gregor Uli zu. Ulis Ziel ist genau wie auf dem Flughafen: „Perfekte Organisation. Scheinbar herrscht Chaos, aber das ist doch gehoben strukturiert", meint er.

Das Tempo ist atemberaubend, genau wie der sprachliche Schlagabtausch – Wortwitz, Spaß und Spiel dominieren. Mich erinnert die Vorstellung an eine „Bühneninszenierung", bei der Herr Huber und ich das Publikum stellen, das aber auch in die Inszenierung eingeschlossen wird. Uli organisiert sich selbst, genau wie er das in seinem Job gewohnt ist, den er hier fortsetzt. Er kümmert sich um das „Personal" (in dem Fall Herrn Huber), organisiert die Arbeit und erstellt den „Masterplan". Das bedeutet, wie ich beim Nachfragen erfahre, „was die Leute zu tun haben und wann was fertig werden soll."

Für Uli ist hier genau wie in seinem Job die Unterscheidung nach Funktionen wichtig. Gregor ist der „Business-Developer" (der Geschäfte-Anbahner), daher auch sein „nickname". Er knüpft Verbindungen, interessiert andere Leute für das was in dieser Gruppe abläuft: „Schaut her, wie wir es machen", ruft er durch den ganzen Raum. Hue flirtet mit ihm, gibt Küsschen, lacht laut, kokettiert. „Ihre Aufgabe ist es, charmante weibliche Atmosphäre zu schaffen", meint Gregor.

Die Kenntnisse der Weitgereisten werden durch das Mitbringen von Wein aus Madeira oder Schokotrüffel aus Zürich verbreitet. „Probier diesen Wein, Elke!", so werde ich in die Gruppe involviert, „es ist ein später 89er." Gregor hat mir Trüffel von „Sprüngli" mitgebracht, weil „ich weiß, dass Du so etwas magst.". „Du hättest auch gut eine Ausbildung bei uns am Flughafen machen können", ist ein Lob, das mir Uli ausspricht. Ich verstehe das so, dass ich in die Lufthansa-Gruppe passen würde, wenn ich nur das Wissen der „Insider" hätte.

Ich deute dies so: Mein Sprachstil und meine Kleidung sind für die Erlebnisgruppe Zeichen der Zugehörigkeit. Legere Kleidung, das Benutzen von Fremdwörtern, englische oder französische Sprachkenntnisse lassen Rückschlüsse auf die schulische Bildung zu. Es gibt aber auch bestimmte Produkte, die für einen bestimmten Lebensstil stehen. Trüffel von „Sprüngli", Wein aus Madeira bedeuten Exklusivität, hohe geschmackliche Ansprüche, Qualität statt Quantität zu präferieren. Darüber hinaus werden mein Beruf (Ethnologin) und meine Person gleichgesetzt. Sie stehen für aufgeschlossen und neugierig sein, Eigenschaften, die im „Milieu der Weltoffenen" eine Rolle spielen.

Während ich integriert werde, bleibt Herr Huber ausgeschlossen. Er trägt graue Flanellhosen und ein weißes Oberhemd, ist übergewichtig, hat eine dialektgefärbte Sprache. Damit entspricht er der Charakterisierung eines Menschen des „Harmoniemilieus" (Schulze 1997, 300). Er selber distanziert sich, indem er uns seinen Vornamen nicht verrät und auf die Exklusivangebote der Gruppe nicht reagiert.

Herr Huber und Gregor sind die einzigen Singles in dieser Runde. Der gemeinsame Status hat aber nichts Verbindendes. Herr Huber darf teilnehmen, weil er im Alter zu den anderen Herren passt. Er wird aber nicht zum Erlebnispartner, weil sie mit ihm nichts anfangen können. Geteilt wird allein der Erlebnisgegenstand: das gemeinsame Kochen.

„Kreativ sein heißt, Sie haben Geschmack ..."

Ein Ergebnis meiner Recherche bei den Kochkursen ist, dass Bildung einen wesentlichen Bestandteil des Singlelebens ausmacht. Darüber hinaus ist es mir gelungen, durch die teilnehmende Beobachtung an den Kochkursen eine Vertrauensbasis zu zwei Teilnehmern (Jörg und Gregor) aufzubauen. Diese eröffnet mir die Möglichkeit zu weiterführenden Interviews und Einblicken in die Wohn- und Lebenssituation von Singles.

Die Analyse ergibt: Zu den Besonderheiten und Konsequenzen des modernen Lebens gehört die Notwendigkeit des „lebenslangen Lernens". Die VHS ist eine Institution, deren Ziel Erwachsenenbildung ist. Bildung wird heute gleich Kreativität gesetzt. Für Singles bietet schöpferisches Tun bei Gruppenaktivitäten einen Ausgleich zur individualisierten, entfremdeten und berührungsfreien Arbeitswelt. Gerade beim Kochen machen sich Menschen zwar die technischen Errungenschaften zu nutze, in der Kochgruppe ist aber das „spielerische Element" (Anne), das miteinander Spaß haben und Kommunizieren genauso entscheidend. Kochen lernen wird zu einem Erlebnis. Kochen können, das Lob der Gäste genießen, bedeutet für Singles „Kennerschaft zu besitzen" und „Selbständigkeit zu beweisen". Vom Einkauf bis zum Abwasch wird alles alleine organisiert. So entsteht das Gefühl für Kompetenz, für Unabhängigkeit. Damit kann der Single nach außen hin dokumentieren, dass er alleine klar kommt. Kochen können wird zu einem Merkmal für Gelingen oder Misslingen des Singlelebens.

Alltagswissen muss institutionalisiert werden

Für die vorliegende Untersuchung haben zunächst zwei Aussagen besondere Bedeutung. Erstens wird Wissen nur anerkannt, wenn es von Experten vermittelt wird. „Alltagswissen wird nicht von der Mutter vermittelt, sondern muss institutionalisiert werden", so definiert es Anne. Zweitens geht es bei der Aneignung von Wissen um Fragen des Geschmacks. „Kreativ sein heißt, Sie haben Geschmack, und ich will, dass Sie für Ihren Geschmack gerade stehen." Mit diesen Worten motiviert Anne die Teilnehmer. Thomas Kleinspehn liefert einen historischen Rückblick, der die Bedeutung der Institutionalisierung des Kochens und von „Geschmack haben" als Kontrollmechanismus, als Mittel der Distinktion, erklärt.

Kleinspehn (1989) führt den Leser zurück in die Zeit der Industrialisierung. Die Nahrungsmittelproduktion wandelt sich durch die wachsende Bedeutung des Welthandels. Konservierungsmittel werden eingeführt, erst die Konserve, später das Gefrieren, wodurch bisher nicht transportfähige Nahrungsmittel wie Fleisch leichter auch von entfernten Produktionsplätzen auf europäische Märkte gelangen und die industrielle Fertigung erleichtert wird. Die veränderten Herstellungsbedingungen führen zu veränderten Ernährungsbedingungen und wecken Interesse an unbekannten Speisen und an ihrer Zubereitung. Was in der agrarisch strukturierten Gesellschaft von Generation zu Generation weitergegeben wurde, findet sich nun in den Schriften für das gebildete Bürgertum als allgemeine, gleichsam abstrakte Regel wieder ohne spezifischen, regionalen oder traditionellen Hintergrund. Unter

dem Tenor der Sparsamkeit werden auch erstmals Kochbücher für die pro-
letarischen Schichten angeboten.

Mit der aufkommenden Industrie und der Armen- und Massenversorgung
durch die Erfindung der „Rumfordschen Suppen" (Graf Rumford Ende 18.
Jahrhundert in England) folgt die Errichtung von Kantinen in Fabriken,
Schulen und Büros. Kantinen vereinheitlichen die Ernährung, führen auch
die unteren Schichten an die Essgewohnheiten und -sitten des Bürgertums
heran. Kochen wird immer mehr zu einer reinen Lerneinheit, die außerhalb
des Alltags in Institutionen vermittelt wird. Ende des 19. Jahrhunderts bis
zu den 30er-Jahren unseres Jahrhunderts entstehen Haushaltsschulen, die
ein Indiz für die Trennung zwischen dem zu lernenden Essverhalten auf der
einen Seite und dem gleichsam rational zu erlernenden Kochen auf der anderen Seite darstellten.

Mit den Aufstiegsbestrebungen des Bürgertums gerät das Leitbild des
Adels unter Druck. Zur eigenen Herrschaftssicherung entwickelt vor allem
die französische aristokratische Gesellschaft Verhaltensweisen wie die Ver-
feinerungen der Sitten, die Mäßigung der Affekte, die in ihrer Tendenz und
Grundstruktur aber auch in den deutschen territorialstaatlichen Höfen zu
finden sind. Affektkontrolle äußert sich in Appetitlosigkeit und Ekel vor
Speisen. Dahinter steht die Angst vor drohenden Krankheiten und vor dem
Tod, aber auch die Abgrenzung des Adels von den Derbheiten der unteren
Schichten. Abweichendes Essverhalten, Fettsucht, Gier und Unersättlichkeit
führen zur Ausgrenzung. Die Küche der Oberschicht zeichnet sich dadurch
aus, dass sie zahlreiche und möglichst extravagante Nahrungs- und Genuss-
mittel integriert, wie Gewürze, Zucker und Backwerk.

Auch innerhalb des Bürgertums gerät Essen immer mehr zu einer Frage
des richtigen Verhaltens bei Tisch. Bedeutung erlangt die ästhetische Seite
wie Wohlgeschmack, Ergötzung und wohlgefälliges Ansehen der Speisen.
Landbauern halten an der traditionellen Lebens- und Ernährungsweise ihrer
Väter fest, Schwankungen zwischen Alltags- und Festspeise und Abwehr
gegenüber „fremden" Speisen.

Die stärkere Rationalisierung und Kontrolle der Ernährung durch Wissenschaft und Staat bietet zwar relative Sicherheit für den Einzelnen, bedeutet aber zugleich einen Verlust an spezifischen regionalen Besonderheiten
und Traditionen im Bereich der Ernährung (vgl. Kleinspehn 1989, 206 –
310).

Traditionen stellen immer ein Moment der Sicherheit dar, der sozialen
Strukturen einen Sinn verleiht. Zerstörung bedeutet damit Sinnverlust, der
Angst bereitet, neue Abhängigkeiten mit sich bringt und neue Individual-
strukturen erforderlich macht. Die „Gegenbewegung", regionale Besonder-

heiten zu zeigen und wieder neu aufleben zu lassen, leistet der Hessische Rundfunk mit der Sendung Hessen á la carte, die auch im gleichnamigen Buch (Scherenberg und Stier 1990) Bilder gemeinsamen Essens, gemeinsamer Traditionalität und Regionalität nostalgisch wieder aufbereitet. Essen wird zu einem medialen Erlebnis.

Die Medien setzen aber auch auf den „Erlebnishunger" des modernen Menschen, seinen dringenden Wunsch, etwas Ungewöhnliches, Spannendes, Neues zu erleben. Es gibt einen neuen Markt für das Erlebnis. Dem trägt auch die VHS Rechnung. Der Kochkurs soll zum Erlebnis werden.

Erlebnismarkt und hedonistisches Milieu

Schulze (1997) beschreibt, wie auf dem „Erlebnismarkt" „Erlebnisnachfrage" und „Erlebnisangebot" zusammentreffen. Erlebnisangebote werden gegen Geld und/oder Aufmerksamkeit getauscht. Sie werden nach ästhetischen Begriffen definiert, wie z. B. schön, spannend, gemütlich oder interessant. Der Verbrauch richtet sich nach der „Erlebnisnachfrage" oder dem „innenorientierten Konsum". Innenorientierter Konsum verweist auf Prozesse, die sich im Subjekt ereignen: „weil es mir Spaß macht" oder „weil es mir gefällt".

Wer am Erlebnismarkt teilnimmt, egal auf welcher Seite, erbringt einen kleinen Beitrag zur Interaktion von Kollektiven, die aufeinander eingespielt sind. Während der Erlebnisanbieter den Zielhorizont ihrer Klientel möglichst gut erfassen müssen, ist für den Erlebnisnachfrager nur wichtig, *wo* er etwas bekommen kann. Während der Erlebnisnachfrager von den gegebenen Erlebnisangeboten so ausgeht, als handelte es sich um eine von ihm selbst unbeeinflusste Wirklichkeit, spannt der Erlebnisanbieter seine Kundschaft in einen Zielhorizont ein, wie etwa *Selbstverwirklichung, Prestige, Gewinn.* Der Erlebnisnachfrager hat das Ziel, etwas zu erleben. Während früher Grundbedürfnisse als Not gespürt wurden richten sich in der heutigen Gesellschaft Motive für den Konsum zunehmend nach innen. Es geht um den Genuss eines „guten" Essens, um ein „stilvolles" Wohnen (vgl. Schulze 1997, 428).

Der Erlebnisanbieter

Wie lässt sich Schulzes Theorie auf die VHS-Kurse anwenden? Damit die VHS-Kurse erfolgreich laufen und die Existenz der VHS gesichert ist, müssen die Anbieter Ziele der Kooperation, kulturpolitische Ziele und persönliche Ziele berücksichtigen. Die VHS braucht vor allem öffentliche Anerkennung, um ihr „Produkt" abzusetzen. Das Publikum reagiert auf das Angebot, wenn die Anbieter ihr Produkt mit Oberflächenreizen ausstatten, die mit alltagsästhetischen Schemata korrespondieren. Diese Schemata ermöglichen den Nachfragern eine Klassifizierung - Was gefällt mir? Was ist eine Motivation für meine Teilnahme?

Das Produkt „Kochen lernen" soll eine Nachfrage auslösen. Der Kurs muss preisgünstig sein, weil er sich an junge Teilnehmer richtet, von denen angenommen werden kann, dass sie über keine hohen finanziellen Mittel verfügen. Er muss leicht erreichbar sein, weil die Teilnehmer keine langen Anfahrtszeiten in Kauf nehmen wollen.

Das spezielle Angebot Annes richtet sich an eine bestimmte Zielgruppe, die Singles, in einem bestimmten Lebensraum, dem kleineren Haushalt. Anne nennt die entscheidenden Kriterien für einen erfolgreichen Kurs. Er muss: für beide Geschlechter konzipiert sein, spielerisch angeboten werden, interessant sein, Möglichkeit für Eigeninitiative und Verantwortung bieten, einen Gewinn an Wissen oder einen Nachweis in Form eines Zertifikats erbringen.

Anne verwendet den sprachlichen Code: Kochen wird heute gleich Kreativität gesetzt, ist Spaßfaktor. Sie lehrt traditionelle Kochkunst, die standardisiert ist nach althergebrachten Mustern. Kreativität ist „Label", die Inhalte sind die gleichen wie bei Annes ersten Kochkursen vor zehn Jahren bei der VHS.

Der Erlebnisnehmer

Als Singles bezeichnen sich sowohl allein Lebende als auch allein Erziehende (Karin). Sie wollen sich ein Wissen aneignen, das ihnen Eigenständigkeit garantiert. Der kleine Haushalt folgt anderen ökonomischen Grundlagen und hat eine andere Organisationsform als der große. „Resteverwertung" (Essen nicht fortwerfen müssen) und „was braucht man für die schnelle Mahlzeit" (keine fehlenden Eier) sind für Singles in Kochkursen interessante Themen.

Kreativ Kochen lernen will, wer vorhat, zum ersten Mal alleine zu wohnen, wer vom großen zum kleineren Haushalt umsteigt, wer wieder alleine leben muss, wer aus dem Beruf ausscheidet und nicht mehr in die Kantine gehen kann. Hinter allem steht eine neue Lebenssituation. Dementsprechend ist die Motivation, diesen Kurs zu besuchen, unterschiedlich.

Neu ist der männliche Mut, Kochen im Alltag als kreativ zu begreifen und dies auch nach außen hin zu dokumentieren. Als schöpferisches Erschaffen gilt, wie ich es erfahren habe, bei den männlichen Singles weniger Kartoffeln schälen oder Gemüse putzen, sondern das Experimentieren mit Gewürzen. In Einzelfällen werden „Hausfrauenarbeiten" immer noch an

Frauen delegiert (Beispiel beim Kochen in Dietzenbach: Ich schäle Kartoffeln – Horst würzt). Kochen bedeutet für die Teilnehmer: Kennerschaft erwerben, Spaß haben, familiäre Atmosphäre schaffen, beweisen, was man „drauf hat", neue Rezepte erlernen, neue Kontakte knüpfen, Neues ausprobieren, eigene Wege finden, Spaß mit Können verbinden.

Die VHS als Erlebnisanbieter hat beim Erlebnisnehmer ihr Ziel erreicht. Nach dem Kochkurs möchten die meisten der Teilnehmer weitere Kochkurse bei der VHS besuchen. Dabei schließen sich wieder Freunde mit Freunden zusammen. Neue Kontakte sind zwar entstanden, werden aber nicht weiter ausgebaut.

Selbstverwirklichung, Prestige, Gewinn sind nach Schulze die Kriterien, die ein Angebot auf dem *Erlebnismarkt* interessant werden lassen. Wie kann sich ein Single im Kochkurs selbst verwirklichen? Das geschieht durch Kreativität. Kreativ sein, heißt schöpferisch tätig werden. Dies betrifft den neuen Umgang mit Gewürzen und Kochutensilien. Erschaffen wird etwas Neues, vorher nicht Gewesenes, etwas Besonderes auch durch Neugier, Kontaktfreude und vorübergehende Intensität der Beziehungen zu den Mitstreitern.

Worin liegt das Prestige der Teilnahme an einem Kochkurs? Wer Kochen lernt, erwirbt ein Wissen (was passt zusammen) oder besondere Fähigkeiten (Geruch und Geschmack bewusst erleben). Kennerschaft erwerben bedeutet für Singles einen Zuwachs an gesellschaftlichem Ansehen und Geltung bei anderen.

Worin liegt der persönliche Gewinn des Kochkurses? Im Vordergrund stehen Spaß und Gemeinschaft. Qualitätskriterium eines gelungenen Kochkurses ist gemeinsame Aktion. Wer mit anderen in Aktion treten kann, empfindet sich selbst als positiv und erfolgreich. Er erlebt eine „nach innen gerichtete Wirkung" (Schulze), die ihn stärkt und ihm gut tut.

Das hedonistische Milieu

Der Stil des Umgangs mit Wissen und Bildung weist hedonistische Züge auf: Lernen für Singles in der VHS muss Spaß machen. Damit wird geworben, die Teilnehmer orientieren sich an der mühelosen Weiterbildung. Das Überangebot an Erwachsenenkursen erleichtert das Anfangen, Wieder-Aufgreifen, Wechseln und Abbrechen mit wechselnden Beschäftigungen (vgl. Nolda 1996, 10).

Eine Gruppe, die sich dem „Hedonistischen Milieu" zugehörig fühlt, finde ich im Kochkurs in Dreieichenhain. Gemeinsam sind Beruf (bei der Lufthansa) und Lebensstil (Vielreisende). Sie grenzen sich nach innen ab. Ihre

Ambitionen sind Spaß, Unterhaltung und Flirt. Ihre Interaktionen zielen zudem auf eine nach außen hin gerichtete Wirkung, die „Inszenierung". Sie sind es gewohnt, als Gruppe im Mittelpunkt des Interesses zu stehen.

Es entwickelt sich eine milieuinterne Distinktion durch Kleidungsstil, Verhaltensstil, bevorzugte Lokalitäten, Besitzgegenstände, Sprachmuster, Rituale. Nach außen hin beobachtbar ist zunächst das Begrüßungsritual. Es besteht aus „Küsschen-Geben" auf die rechte und linke Wange. Über den „Handschlag" hinaus vermittelt dies Freundschaft, Verbundenheit, Herzlichkeit.

Es gibt innerhalb der Gruppe gemeinsame Werte wie Freiheit, Ungebundenheit und Spontaneität. Man möchte das Leben hier und jetzt genießen, intensiv leben und sich von den „Spießern" unterscheiden.

Die Lufthansa-Gruppe versteht und teilt einen internen Code. „Insider" ist der Dazugehörige, Wissende, Eingeweihte, der „Initiierte". Outsider sind die Nichteingeweihten, die erst einmal die Initiation durchlaufen müssen. Die Lufthansa ermittelt in einem Ausleseverfahren („Assessment", erklärt Uli), wer dazu gehören darf. Zur „Familie der LH zu gehören, ist etwas ganz besonderes", klärt er mich auf. Es gibt dort eine Kleidersymbolik, an der man die Verantwortlichkeit erkennt: „Der Flight-Manager trägt grau, die Check-in-Agents blau-weiß-gelb", so erfahre ich.

Neben den bereits erwähnten sprachlichen Codes gibt es auch Signale „die für den Mann von Welt stehen", erläutert er, „schau Dich am Flughafen um, da findest Du alles, was gut und teuer ist, wie Rolex-Uhren oder den neuesten BMW, wer täglich in dieser Welt ist, der hat auch im privaten Leben einen ganz anderen Blick für Qualität. Präsentation nach außen, Überzeugung durch Persönlichkeit, sich mit den zu präsentierenden Produkten identifizieren, das macht unsere Identität aus."

Zur Identität der Lufthansa Gruppe gehört, dass das Selbstbild und die Sicht der Welt kongruent sind. Das erinnert an „Homo faber" (Frisch 1979). Der Techniker sieht die Welt einerseits entsprechend den Wahrnehmungsmustern, die sich aus seinem Selbstkonzept als Techniker ergeben. Andererseits bestimmt die technisch organisierte Welt sein Wahrnehmungsmuster und sein Selbstverständnis, so dass Selbstbild und Weltbild in einem dialektischen Verhältnis stehen. Der „Techniker" Faber ist, wie die Mitglieder der beobachteten Gruppe, vor allem seinem Beruf und sich selbst verpflichtet.

Der neue Erlebnistrend: „mediale Sozialarbeit"

Dem Trend des Erlebnismarktes folgend bietet im Jahre 2006 die gleiche VHS keinen Kochkurs für „Singles und kleinere Haushalte" mehr an. Unter dem Stichwort „Kochen/Ernährung" findet sich nun der „Kochclub für Männer, Frauen und Singles" (VHS-Programm 1. Halbjahr 2006).

Singles erscheinen wie eine neue Kategorie von Menschen, die sich nicht mehr unter dem allgemeinen Begriff „Männer" oder „Frauen" subsumieren lassen. Das Wort „Club" hat einen elitären Beigeschmack, Es scheint, wie bereits bei Christian Buddenbrook eingeführt, Voraussetzungen für eine Mitgliedschaft zu geben: Kennerschaft, Exklusivität, Abgrenzung vom Alltäglichen.

Dies wird beim Lesen des angekündigten Programminhalts deutlich (vgl. ebd. 78): Es geht dem Kochexperten der VHS um ein Kochen „für Hobbyköche und leichte Fortgeschrittene". Als Voraussetzung wird genannt: „gute Laune und Spaß am Schlemmen". Fortschritt bedeutet Kennerschaft. Gute Laune und Spaß scheinen Eigenschaften, die nicht nur mit Männern und Frauen allgemein, sondern besonders mit dem des Singles verbunden werden. Der Begriff des „Schlemmens" ist zudem ein Wort, das Distinktion verrät, indem es Genuss als Voraussetzung des kochen Wollens von der Notwendigkeit eines alltäglichen kochen Müssens entbindet.

Dieser alltäglichen Pflichtarbeit trägt das Fernsehen schon seit den 90er-Jahren Rechnung, indem es Tipps und Tricks von Kochprofis präsentiert. Neu ist aber der Aspekt der täglichen „medialen Sozialarbeit" (Bornstein, 2006, 133).

In der Zeitschrift *Der Spiegel* schreibt die Autorin Julia Bornstein über den neuen Trend der Fernsehsender als „Retter in allen Lebenslagen" aufzutreten. Im Einsatz sind „Supermamas", „Superfrauchen", „Superhausfrauen" um wahlweise Haustiere, Herd oder wenigstens den Nachwuchs in den Griff zu bekommen. Vor allem beim Thema Kochen analysieren dabei Kochprofis die „kulinarischen Brennpunkte", so die Autorin. Die Küche wird dabei, genau wie das Kinder- oder Schlafzimmer, zum Raum für gezieltes Coaching.

In einer Zeit der „zwischenmenschlichen und finanziellen Notlagen" ist der singuläre Mensch von keinem helfenden Netzwerk mehr umgeben, sondern muss sich Rat vom medialen Fachmann holen. Super Nanny und Kochlehrer, Stilberater und Tiertrainer bieten Lebenshilfe auf immer mehr Fernsehkanälen. „Das Genre beschert den Sendern gute Quoten - und einen Grund, um mit Experten und Kameras das Leben von Hilfesuchenden aller Art immer tiefer auszuleuchten" (ebd.).

Partizipation am Leben anderer nimmt die Möglichkeit eigener Erfahrungen, verhindert aber auch Misserfolge, einstecken zu müssen. Von Interesse ist, wie Probleme in einem Hauruckverfahren gelöst werden können. Wesentlich erscheint, wie man an klar formulierte Regeln gelangt.

5 Single-Partys

Während die Vermittlung und Aneignung von Wissen den Werktagen vorbehalten bleibt, dient der Samstagabend dem Vergnügen. Ich beobachte und befrage Singles bei zwei speziell für sie arrangierten Partys.

„Frankfurter Flirt-Night"

Flirten, Essen und dem neuen Single-Trend Rechnung tragen ist das Konzept der „Frankfurter Flirt-Night".

Dass Essen ein Gemeinschaftsgefühl stiftet und Frankfurt in diesem Bereich schon immer eine herausragende Stellung eingenommen hat, beweist ein Blick in die Chronik. In „Hessen à la carte" lese ich: In Frankfurt drehte sich schon im Mittelalter vieles ums Essen. Bürgermeister war Konrad von Rindfleisch, der Vertreter hieß Knoblauch. Der erste Koch wurde bereits zu Anfang des 14. Jahrhunderts erwähnt. Der hohe Rat beschäftigte seinen eigenen Stadtkoch (vgl. Scherenberg und Stier 1990, 16).

Der Einzelhandel des Einkaufsparks im Nordwest-Zentrum Frankfurt hat eine Marketing-Firma beauftragt, gute Ideen für eine Umsatzsteigerung zu entwickeln. Dabei heraus kommt eine „Single-Party unter gläsernem Himmel" (die Veranstalter). Stargast Roberto Blanco heizt mit heißen Samba-Rhythmen die Stimmung der ca. 3000 Gäste zwischen 18 und 60 an. Jeder bekommt eine Flirt Night Nummer, meine ist die 1914, die ich mir deutlich sichtbar an mein T-Shirt hefte.

Es gibt Stände mit Spezialitäten, ein Getränk der eigenen Wahl ist frei. Auf einer vorgedruckten Karte gibt man die Flirt Night Nummer desjenigen an, den man gerne kennen lernen möchte, Treffpunkt und Uhrzeit, etwa an einem der Stände. An einer Pinwand werden die Flirt-Zettel für jeden sichtbar angepinnt.

Stündlich suche ich die Pinwand auf und stelle fest, dass nicht immer die gleichen Nummern gefragt sind, sondern es kaum Doppelnennungen gibt. Man scheint sehr genau zu studieren, wie die Konkurrenzlage aussieht.

Ich starte zu Kurzinterviews, wobei ich feststelle, dass die laute Musik eine Unterhaltung fast unmöglich macht. Auf meine Fragen: „Warum sind Sie hier?" „Was haben Sie erwartet?" „Gefällt es Ihnen?" bekomme ich fast immer gleichlautende Antworten. „Hier gibt es gute Musik, Geselligkeit, es ist ein Event, bei dem man nette Mädels (Jungs) kennen lernen kann. Ich will etwas Gutes essen und trinken und Spaß haben."

Das Erfolgsrezept geht auf, wie ich bei einem Interview mit dem Marketing-Leiter erfahre: „Hier haben sich die verschiedenen Läden zusammengetan und einen Großraum geschaffen, von dem alle profitieren können. Das Einkaufszentrum hier ist zentral, und es kommen Besucher aus Frankfurt und der gesamten Umgebung. Man fühlt sich zum Shopping angeregt, probiert ein neues Rezept aus, kann abtanzen, jemanden kennen lernen und sitzt samstagabends nicht alleine zu Hause herum. Die Idee: Man nehme kontaktfreudige Singles, mische sie mit Essen, Trinken, Musik, guter Laune, kleinen Preisen und erhält eine verkaufsfördernde Mixtur, die anscheinend allen Spaß macht. Die Idee zur Single-Party mit Pinwand hat vorher schon das *Journal Frankfurt* ausprobiert. Ihr Motto: „Fisch sucht Fahrrad". Ursprünglich ein Begriff der Befreiungsbewegung der Frau, der ironisierend meint, dass eine Frau nicht unbedingt einen Mann braucht. ‚Eine Frau ohne Mann ist wie ein Fisch ohne Fahrrad‘, bei uns wird hier das Gegenteil propagiert, gerade Gegensätze wie Mann und Frau suchen und finden sich. Die Klientel in Frankfurts Südbahnhof ist wesentlich jünger als die Leute hier. Auch hätte dort ein Roberto Blanco keine Chance. Da will man ‚in‘ sein, was sich schon in der ‚Schicki Micki Kleidung‘ ausdrückt, hier kann jeder hinkommen, ohne sich vorher aufzumöbeln. Komisch ist, dass, obwohl man jemanden kennen lernen möchte, kein Mensch alleine zu solchen Partys losgeht, man traut sich in Gruppen oder mit Freundin oder Freund."

Eine Frau um die 50, die alleine steht, fällt mir auf. Sie wirkt auf mich wie eine distanzierte Beobachterin. Ihr Schmuck ist auffällig, sie trägt eine weiße Bluse und einen blauen Blazer und erweckt zwischen den vielen bunten T-Shirts der Umgebenden den Eindruck, als wäre sie auf der falschen Veranstaltung. Ich spreche sie an und erfahre: „Ich habe es wieder mal nicht zu Hause alleine ausgehalten." Näheres über das Gespräch mit Isabell berichte ich im Kapitel „Die Sicht der Akteure".

„Fisch sucht Fahrrad"

Die „Fisch sucht Fahrrad"-Party besuche ich eine Woche später; natürlich wieder Samstagabend. Ohne vorbestellte Karten kommt man eine Viertelstunde nach Öffnung gar nicht mehr hinein. Das Gedränge am Eingang des Veranstaltungssaals ist groß. Die Security hat alle Hände voll damit zu tun, darauf zu achten, dass keine „ungebetenen Gäste" die Veranstaltung stören. Genau wie bei der „Frankfurter Flirt-Night" bestimmen die Geschäftsleute die Zusammensetzung des Publikums. Wer nicht ins Bild passt, darf nicht rein, weil er den anderen den Spaß nicht verderben soll.

Längst über die Grenzen Frankfurts hinaus bekannt, scheint es ein „Muss" für den jungen, innovativen Single zu sein, sich bei dieser „Fete" zu zeigen - sehen und gesehen werden ist die Devise. Ansteckbuttons und Pinwand sind bereit. Die Besucher sind zwischen 18 und 50 Jahren, allein oder paarweise da, mit einem oder mehreren Freunden. Es gibt kein Essen, aber drei Bars mit Cola, Bier und Cocktails zu erschwinglichen Preisen.

Bei „Fisch sucht Fahrrad" scheint Kommunikation nebensächlich, die flüchtigen Begegnungen unverbindlich, der Verzehr von Speisen überflüssig, so ist mein erster Eindruck.

Ich stelle mich neben ein Paar, das sich soeben über die Pinwand miteinander verabredet hat, wie ich ihrem von mir belauschten Gespräch entnehmen kann. Gesprächsfetzen über die laufende Veranstaltung dringen zu mir herüber, Kritik über die Lautstärke der Musik, Vergleiche zu anderen Veranstaltungen. Vorübergehendes Interesse am Gesprächspartner zeigt sich durch die zugewandte Körperhaltung, den raschen Seitenblick, das aufgesetzte Lächeln. Das beobachtete Paar trennt sich rasch.

Bei „Fisch sucht Fahrrad" gibt es ein Kommen und Gehen, das der Veranstaltung eine besondere Dynamik vermittelt. Je später der Abend, desto mehr junge Menschen strömen herein. Das Publikum verjüngt sich zunehmend, ist schließlich weitgehend unter 40 Jahren und wird erst nachts richtig mobil.

Die Musik ist dem Publikumsgeschmack angepasst. Zunächst wird Pop und Rock gespielt und viele „Schmuselieder", bei denen man sich näher kommen soll. Gegen elf Uhr wird die Stimmung durch deutsche Schlager vorübergehend heiter. Nach zwölf gibt es eine kurze Techno-Einlage, die schnell wieder in Popmusik übergeht.

Viele Frauen tanzen miteinander. Die Tanzfläche wird zur Bühne der Selbstdarstellung. Allein wird diese aber selten betreten. Männer stehen in Gruppen oder vereinzelt. Ein Kreis bildet sich um die Tanzfläche. Männer beobachten die tanzenden Frauen, fixieren Figuren, taxieren die eigenen Chancen, bevor sie wie zufällig neben der sich bewegenden Frau auftauchen, die sie sich ausgeguckt haben. Sie warten auf Blickkontakt bevor sie eine Frau ansprechen. Sie woll sich keinen Korb holen, so meine Einschätzung.

Viele der Frauen sind mit sich selbst oder der mitgebrachten Freundin beschäftigt. Ihren abschätzenden Blicken, dem Lachen unter vorgehaltener Hand, entnehme ich Wertungen über bestimmte Party-Teilnehmer. Es gibt zwar keine Kleiderordnung, aber sehr wohl modische Trends, denen Teilnehmer der Szene folgen müssen, um irgendwie dazu zu gehören.

Die Stimmung wirkt insgesamt eher kühl und reserviert. Viele Anwesende erwecken in mir den Eindruck, als ob sie eher gelangweilt wären oder sich den Abend anders vorgestellt hätten. Ich interpretiere das für mich so: Durch die zahlreich angebotenen Samstagabendveranstaltungen liegt der

Reiz des Besonderen oder Neuen nicht nur in einem angestrebten Flirt, sondern in dem Wunsch, etwas Außergewöhnliches zu erleben.

„Die Atmosphäre ähnelt der von früheren Tanzsälen", klärt mich Tommy auf, mit dem ich mich unterhalte. Er ist 30, kommt aus Flörsheim und ist jedes Wochenende unterwegs in der „scene". Tommy trägt Jeans und einen grauen Strickpullover mit Reißverschluss. „Eigentlich bin ich ziemlich schockiert", meint er. „Dieser Saal wird nur für Veranstaltungen geöffnet, und das merkt man auch. Es herrscht keine Atmosphäre. Früher war ,Fisch sucht Fahrrad' im ,Titania', das ist in der Nähe von der Uni, da war es besser. Hier sind so Leute, wie ich sie auch im ,Plus' finde. Das ,Plus' ist in der Nähe vom ,Wagner', da triffst du immer die gleichen Leute. Das sind alles Kontaktbörsen. In der Disco, da ist eine andere Szene. Da geht man hin, um abzutanzen. Die Discos sind meistens kleiner, das vereinfacht die Kontaktaufnahme. Die Leute in den Discos kleiden sich anders und verhalten sich auch anders. Wenn du zum Beispiel ,Fisch sucht Fahrrad' in Wiesbaden im ,Park Café' mit der hier vergleichst, dann merkst du den Unterschied. Das ist eine Disco, die ist auch sonst geöffnet. Die Musik ist viel lauter und auch mehr ,Techno' und so was. Alles ist viel enger und voller, da kommt man sich zwangsläufig näher, wenn man dem anderen ins Ohr brüllt. Hier macht man sich schick und hält auf Distanz."

Tommy macht mich mit Hanno bekannt, der mit Jeans and Jacket gekleidet ist. „Bei ,Fisch sucht Fahrrad' in Frankfurt wird Musik von den 60er-Jahren bis zu den 90er-Jahren gespielt. Für jeden Geschmack etwas. Das Suchen nach einem Partner ist eigentlich Nebeneffekt. Im Vordergrund steht Spaß haben", klärt Hanno mich auf. Hanno hat seinen Namen von „einer Mutter, die Buddenbrook-Fan ist", erfahre ich. Er ist Arzt in Bad Homburg, verheiratet und hat zwei Kinder. „Meine Frau und ich haben ein Abkommen, wir gehen jedes Wochenende getrennt aus und erzählen uns dann, was so ablief. Das hält die Spannung in unserer Beziehung. Wir vertrauen uns, wollen aber auch nicht immer aufeinander hocken," klärt er mich auf. Auch Hanno kennt sich gut in der „Szene" aus. Er ist Stammgast im „Plus" und geht am Sonntagmorgen entweder in den Südbahnhof zum Frühschoppen oder in den „Wagner". „Da triffst du immer die gleichen Leute", meint auch er.

Näheres vom Südbahnhof in Frankfurt weiß keiner meiner Befragten. Sie interessiert an diesem Ort lediglich, dass es ein „Verkehrsknotenpunkt" ist und dass „Sonntags gute Jazz-Frühschoppen" stattfinden.

Kommunikation und Zugehörigkeit

Wie lässt sich das Beobachtete deuten und verstehen? Zunächst wird deutlich, dass Single-Partys Veranstaltungen sind, die als Freizeitbeschäftigung besucht werden. Sie finden nicht wie „after work partys" nach Feierabend statt, sondern am Samstag, der für viele Berufstätige arbeitsfrei ist. Darüber hinaus lassen sich weitere Merkmale identifizieren.

Die sozio-kulturelle Funktion

Die Kontakt-Partys sind Orte, an denen Singles Bedürfnisse befriedigen und Aktivitäten entfalten können. Die sozio-kulturelle Funktion von Partys liegt darin, Kommunikationspartner zu finden. Es gibt bestimmte Personen (Hanno, Tommy) die als „zentrale Figuren" beobachtbar sind. Sie sind bei zahlreichen Singleveranstaltungen präsent und bilden einen „Mittelpunkt", d. h. sie stehen im Zentrum der Aufmerksamkeit oder kennen zahlreiche Anwesende. Es gibt eine Form von Netzwerk, das sich bildet, indem eine Person auf der Party ihren „Freunden" neue Bekanntschaften vorstellt, diese begrüßen sich dann beim nächsten Treffen als „alte Bekannte" und werden wiederum neuen Bekannten vorgestellt.

Die Anwesenheit der Teilnehmer wird als Signal der Kommunikationsbereitschaft gewertet. Partys sind Kontaktstätten, wo die „Suchenden" oder „Wartenden" mit etwas Glück Anschluss finden. In der Regel tauchen die beobachteten Singles entweder zu zweit oder in der Gruppe auf. Es entspricht dem Kulturstil der Anwesenden sich nicht als allein Suchender zu zeigen. Es finden sich nur vereinzelt allein Stehende.

Bei „Fisch sucht Fahrrad" und bei der „Frankfurter Flirt-Night" beobachte ich unterschiedliche Gruppen, die sich voneinander unterscheiden. Es gibt das Alterskriterium. Die Kontakt-Party „Fisch sucht Fahrrad" wird von jüngeren Gruppen besucht, die Unterhaltungsparty „Frankfurter Flirt-Night" spricht ein gemischtes Publikum an. Die Qualität der Unterhaltung ist unterschiedlich. Die Musik bei „Fisch sucht Fahrrad" sucht Langeweile zu unterbrechen, ist darauf ausgerichtet, dass etwas passiert, präsentiert sich durch Abwechslung in Musikstil und Musikrichtung. Die „Frankfurter Flirt-Night" will unterhalten, ist auf den Wiedererkennungseffekt der Melodien gerichtet, fordert zum Mitsingen und Mitklatschen heraus. Bei „Fisch sucht Fahrrad" ist eine stimulierende, interessante Atmosphäre angestrebt, bei der „Frankfurter Flirt-Night" eine unterhaltende, beschwingte. Während es bei der „Frankfurter Flirt-Night" um eine entspannte, laute, fröhliche Geselligkeit geht, ist „Fisch sucht Fahrrad" als prickelnd, eher leise angelegt. Während die Stimmung bei der „Frankfurter Flirt-Night" bei einigen Teilnehmern zu eskalieren droht, weil sie der Samba-Rhythmus und Roberto Blanco völlig in ihren Bann ziehen, bleibt bei „Fisch sucht Fahrrad" die Stimmung dezent bis gelangweilt.

„Fisch sucht Fahrrad" gilt als „Trendparty". Der Trend als Entwicklungstendenz stellt stets einen aktuellen Ausschnitt dar und ist in der Geltung begrenzt – Singles als Trendsetter, ein Bild das die Veranstalter vermitteln, heißt „in" sein, was Mode und Musik betrifft, frei und unabhängig sein Leben zu gestalten. Die „Frankfurter Flirt-Night" folgt dem Trend durch ihr Motto „fun haben", „nur kein Stress", „voller Genuss". Beiden gemeinsam ist der unverbindliche Flirt für einen Abend.

Single-Partys sind verknüpft mit einer kollektiven Identitätsarbeit. Die Party ist Bühne. Alter und Geschlecht spielen eine Rolle. Isabell hält Distanz. Sie ist in keine Szene eingebunden, fühlt sich keiner der anwesenden Gruppen zugehörig, kennt keinen, kann mit keinem reden. Sie hat eine verweigernde und ablehnende Haltung eingenommen.

Für mich wird spürbar, Isabell erlebt keine positive Identifikation mit den sie umgebenden Menschen und dem Raum, in dem das Partyleben stattfindet. Diese Gemeinsamkeit zwischen uns bringt sie mir nahe und lässt ein Gespräch entstehen wie es sonst auf einer Party, wo Menschen einander fremd sind, kaum möglich ist.

Die Szene als Netzwerk lokaler Publika

Eine Szene definiert Schulze als ein Netzwerk lokaler Publika. „Der Zusammenhang ergibt sich durch drei publikumsübergreifende Dimensionen der Ähnlichkeit: partielle Identität von Personen, von Orten und von Inhalten" (ebd. 747). Szenen entwickeln sich, wenn eine Vielzahl von erlebnisanbietenden Einrichtungen über das ganze Stadtgebiet verteilt sind und sich „der einzelne als Teilnehmer einer bestimmten Szene in verschiedenen räumlichen Kontexten immer wieder als Bestandteil ähnlicher Publika erfährt" (ebd. 464). Szenen sind dadurch voneinander abgegrenzt, dass sie unterschiedliche Erwartungshaltungen der Nachfrager erfüllen. Das schafft Sicherheit in einer schwer überschaubaren Wirklichkeit, konstatiert Schulze, in der Menschen nach Eindeutigkeit, nach Anhaltspunkten suchen. Szenen haben atmosphärische Charakteristika, auf die sich die Anbieter und die Nachfrager einstellen. Der Anbieter erzeugt eine bestimmte Atmosphäre durch Raumaufteilung, akustischen Hintergrund, Programmangebot.

Schulze hat sechs Szenen untersucht: die Hochkulturszene (Theater, Oper, Konzert), die Neue Kulturszene (Kleinkunst, Kabarett, etc.), die Kulturladenszene (kommunal geförderte Stadtteilzentren), die Kneipenszene

(Cafés, Kneipen, Discos), die Sportszene (Sportveranstaltungen), die Volksfestszene (Stadtteilfeste, Umzüge, Altstadtfeste) (vgl. ebd. 471).

Die „Frankfurter Flirt-Night" fand nur einmalig statt. Ihr Schwerpunkt,
der auf „Live-Musik" und „Kulinarischem" lag, war auf die Volksfestszene
ausgerichtet, deren Merkmale Unterhaltung und Gemütlichkeit sind.

„Fisch sucht Fahrrad" gehört zur Kneipenszene. Die Partys werden regelmäßig ca. alle 4 Wochen in Frankfurt oder in Wiesbaden veranstaltet. Das
Programmangebot richtet sich dabei an unterschiedlichen Publikumsbedürf-
nissen aus. Das Angebot in Frankfurt liegt bei Cocktails und dezenter Lautstärke, die eine Unterhaltung ermöglicht, das in Wiesbaden richtet sich an
der „Discoszene" aus.

Der Teilnehmer an der Szene kann wählen, ob er „Tanzsaalatmosphäre"
(Tommy) und Musik „für jeden Geschmack" (Hanno) bevorzugt, oder ob er
lieber bei Technomusik, die als Musik für „Insider" gilt, „dem anderen ins
Ohr brüllt" (Tommy). „Tanzsaalatmosphäre" wird mit den Begriffen „traditionell" und „kommerziell" verknüpft. Die Technoszene steht bei jungen
Singles für Fortschritt und eine hochtechnisierte Welt, aber auch für Freiheit
und neues Körperbewusstsein. Im Rausch von Techno kann man die Nacht
durchtanzen und Grenzerfahrungen seines Körpers erzielen.

Dass der Nachfrager bestimmte Erlebniserwartungen mit der Szene verbindet und entscheidet, ob er Kontakt zu dieser Szene will oder nicht, zeigt
sich in der Reaktion meiner Respondenten. Während Hanno sich wohl fühlt,
wird Tommy nicht mehr zur „Fisch sucht Fahrrad"-Party nach Frankfurt
kommen, findet aber in Wiesbaden, das was er sucht. Beide grenzen sich
durch die Szenenwahl voneinander ab, treffen sich gelegentlich aber auch
wieder.

Die symbolische Bedeutung der Umwelt

Mit Erlebnisorten wie dem Südbahnhof oder dem Main-Taunus-Zentrum
identifiziert sich keiner der Singles. Diese Lokalitäten werden tagsüber nach
ihrem „Nutzwert" und abends nach ihrem „Unterhaltungswert" kategori-
siert. Lassen sich in der wissenschaftlichen Literatur noch andere Unter-
scheidungskriterien finden?

Der Franzose Marc Augé (1994) untersucht die Anthropologie im öffentlichen Raum von Paris. Er unterteilt den Raum in „Orte" (öffentliche Plätze)
oder „Nicht-Orte". Ort als anthropologische Kategorie wird von den drei
Kriterien Identität, Relation und Geschichte bestimmt. Menschen identifizieren sich mit einem Ort, wenn sie über mehrere Generationen hinweg am
selben Ort wohnen oder wenn sie eine Bezogenheit zu ihm haben. Nicht-
Orte sind Übergangsorte wie Flughäfen oder Bahnhöfe. Schilling be-

schreibt, was diesen Orten fehlt: Es sind Orte ohne echte Kommunikation. „Menschen teilen den begrenzten Raum, indem sie am Bahnsteig nebeneinander stehen - in der Regel schweigend. Der Ort bietet ihnen die Möglichkeit, allein aber nicht einsam zu sein, eingebunden in ein Behavior setting, für eine Weile ohne eigene Verantwortung" (Schilling 1996, 32).

Wie lässt sich dies auf die Frankfurter Single-Partys übertragen? Das *Journal Frankfurt* (die Zeitschrift gilt als großes „Branchenverzeichnis" für Erleben, Spaß und Konsum) und die Geschäftsleute im Nordwest-Zentrum wollen Umsatz machen. Sie eignen sich Raum in ihrem Sinne an. Schon die Kontaktanzeigen im *Journal Frankfurt* stellen eine Meta-Ebene des öffentlichen Raums dar, sie bieten ein Forum zur Selbstdarstellung. Die Planer sprechen einem bestimmten Raum (Areal) eine bestimmte Qualität zu: Es eignet sich für Feste. Diese Feste wenden sich an eine bestimmte Konsumentengruppe: die Singles.

Zur symbolischen Bedeutung der Umwelt gehört, dass es Zeichen gibt, die kollektiv vereinbart und verstanden werden. Die „Single-Party unter gläsernem Himmel" („Frankfurter Flirt-Night") knüpft an die Symbolproduktion des Menschen an. Der „gläserne Himmel" steht für Offenheit, Weitblick, Durchblick. Mit ihm verbinden sich das Fortschrittliche und Weltstädtische. Frankfurt bietet dem Single etwas an, dass er auch in anderen Weltstädten findet: das abendliche „Shopping". In das Angebot schwingt mit ein, dass dem Single bestimmte Eigenschaften zugeschrieben werden, wie die der Urbanität. Sie bedeutet heute nicht mehr ein Wohnen in der Stadt, sondern ein Leben in einer urbanen Gesellschaft. Lebenszusammenhänge sind nicht vom Ort, sondern durch die urbane Gesellschaft bestimmt. Ihre Merkmale sind Fremdheit, Freiheit, Heterogenität.

Fremdheit meint nicht vertraut sein, anders denkend. Freiheit bedeutet Unabhängigkeit von Zwängen und Beschränkungen, bedeutet auch das Recht oder die Möglichkeit, etwas uneingeschränkt zu tun. Heterogenität betrifft das Ungleichartige, Unterschiedliche. Gemeinsam ist den drei Begriffen, dass es nicht um ein sich Identifizieren geht, sondern um Abgrenzung, Suche, Vielfalt, Wahl.

Flirt, Chat und Communities

Fünf Jahre später schaue ich im Internet nach. „Fisch sucht Fahrrad" bleibt ein Dauerbrenner. Die „Frankfurter Flirt-Night" hingegen hat den Status des Einmaligen nicht überwinden können. Neu sind „Flirtportale" im Internet. Wer diese Portale anklickt, findet „Communities" mit den Inhalten: Flirt, Liebe, Erotik.

Kontaktanzeigen im Internet sind zum verbreiteten und anerkannten Medium der Partnersuche geworden. Auf den Flirtseiten im Internet wird ein Kontakt-Steckbrief aufgegeben, mit dem sich der Kontaktsuchende mit eigenen Worten vorstellt und ein Bild hinzufügt. Neu ist das Live-Gespräch im Chat-Room, bei dem man ohne zeitliche Verzögerung per Tastatur vom Arbeitsplatz oder vom Computer zu Hause miteinander kommunizieren kann.

Die Deutschen planen zunehmend ihre Freizeitaktivitäten im Web. Dies gilt für Partnersuche genauso wie für Urlaub. Unter der Rubrik „Modernes Leben" beschreiben Sebastian Jutzi und Matthias Kowalski im *Focus* (2006, 125-133) wie der Urlaub geplant wird: „Suchen, surfen, buchen" (die Zitate stammen aus diesem Artikel). Das erscheint auf den Kontakt suchenden Single übertragbar. Er weiß genau, „wohin die Reise gehen soll" und definiert „Ziel, Ort und die eigenen Bedürfnisse". Genau wie der Frühbucher sich im Internet über „alle möglichen Reiseziele" informiert, schaut sich der Kontaktsuchende zunächst nach Angeboten um, die seiner persönlichen Situation adäquat sind.

Der moderne Mensch, so die Autoren, „vertraut dem Internet als Informationsquelle, und das Internet eignet sich bestens für eine Planung in jeder Lebenslage" (ebd.). Eine simple Anfrage bei Suchmaschinen fördert zunächst einen Wust von Web-Seiten zu Tage. Zu allgemeinen Begriffen wie Flirt, Liebe oder Erotik lassen sich Millionen Adressen finden. Im Gestrüpp der Angebote lauern allerdings viele Fallen. Stellt sich doch jeder Anbieter so positiv dar, wie es ihm möglich ist. Kommt es dann zu einem tatsächlichen „date", kann die Realität mit dem Angepriesenen oft nicht Schritt halten.

Tipps und Tricks zur richtigen Partnerwahl werden von *Experten* angeboten. Mediale Experten bieten vorgefertigte Fragebögen an. Diese halten die wichtigsten „Gemeinsamkeiten" im Vorfeld fest, werden ausgewertet und dem „Richtigen" angeboten. Natürlich gegen entsprechendes Entgelt.

Wer das Internet zur Kontaktsuche nutzen will, der muss den internen Code verstehen. Er trägt wie alle Angebote des Erlebnismarktes hedonistische Züge: Spaß haben, Optionalität bewahren, keinen Stress oder Frust zeigen. „Fakes" oder „Lockangebote" des „Flirtportals" sind inzwischen genauso selbstverständlich geworden, wie die Fähigkeit des Surfers, sie mit Gleichmut hinnehmen zu können, weil es genügend andere Angebote gibt.

6 Alltagsleben und Ambiente

Wer Aussagen zu Lebenszielen und Konzepten des Singlelebens treffen will, dem genügt ein Abfragen von Informationen nicht. Als Forscherin muss es mir gelingen, eine Kommunikation zu finden, die über den „small talk" hinausgeht. Die Respondenten kannten mich vom Einkauf, den Kochkursen und den Single-Partys. Sie erklärten sie sich zu einem längeren Interview bereit. Ein weiterer Kontakt erfolgte über einen Bekannten. Viele Angesprochene verweigerten einen Einblick in ihr Privatleben. Letztlich gewährten mir sechs Personen, ein Interview bei ihnen zu Hause durchzuführen. Sie waren nicht nur zur Kommunikation mit mir bereit, sondern ermöglichten mir Einblicke in ihre Wohnsituation. Da sie auf das Thema vorbereitet waren, scheuten sie sich nicht, einer Fremden gegenüber ein Selbstbild offen zu legen. Es resultiert aus ihrer persönlichen Einschätzung, greift aber auch auf einen gesellschaftlichen Werte- und Normbereich zurück.

Kurzbiographien

Bert, 45 Jahre
Zugang zum Interviewpartner: im Naturkostladen.
Schulabschluss: Realschule, Ausbildung als Elektriker, Fachoberschulreife, Ausbildung zum Kommunikationselektroniker; tätig als EDV-Berater.
Wohnung: in Dietzenbach, 2-Zimmer-Eigentumswohnung.
Kurzbiographie: im Ruhrgebiet geboren und aufgewachsen, durch beruflichen Wechsel nach Frankfurt gezogen, Eigentumswohnung in Dietzenbach erworben, ledig, hat nie mit einer Partnerin zusammen gelebt.
Selbsteinschätzung: „Bisher habe ich mich als Single sehr wohl gefühlt, mit zunehmenden Alter fehlt mir eine Partnerin."

Jörg, 34 Jahre
Zugang zum Interviewpartner: über Kochkurs in Dietzenbach.
Schulabschluss: Fachhochschule, kaufmännische Lehre, Hochschule für Graphik und Design; tätig als Projektplaner in einer Zeitarbeitsfirma.
Wohnung: in Dietzenbach, Ein-Zimmer-Appartement.
Kurzbiographie: geboren im Ruhrgebiet, als Kind nach Frankfurt gezogen. Er lebte acht Jahre lang mit einer Frau und zwei Kindern zusammen, lebt seit einem Jahr alleine.
Selbsteinschätzung: „Etwas über mich selbst herausfinden, um in einer neuen Partnerschaft vieles besser zu machen."

Gregor, 56 Jahre

Zugang zum Interviewpartner: über Kochkurs in Dreieich.

Schulabschluss: Matura, abgebrochene Lehre als Bäcker und Konditor, Banklehre, Ausbildung bei der Lufthansa; heute im Ruhestand.

Wohnung: in Dreieich, 2-Zimmer-Wohnung.

Kurzbiographie: in Wien aufgewachsen, durch beruflichen Wechsel nach Frankfurt gezogen, 5 Jahre lang verheiratet, ein Sohn, lebt seit 15 Jahren alleine.

Selbsteinschätzung: „Eine Frau wäre schön für den Haushalt. Ansonsten bin ich der geborene Single."

Corinna, 56 Jahre

Zugang zur Interviewpartnerin: über Zeitungsanzeige. Sie möchte einen Kulturkreis gründen.

Schulabschluss: Abitur, Studium der Betriebswirtschaft, Gründung eines Schreibbüros, tätig als Journalistin.

Wohnung: in Offenbach, dreistöckiges Haus, zwei Partien bewohnt sie selbst, eine ist vermietet.

Kurzbiographie: in Oberschlesien geboren, in der ehemaligen DDR aufgewachsen, durch Heirat nach Offenbach gekommen, 11 Jahre lang verheiratet, ein Stiefsohn, seit 13 Jahren geschieden und alleine lebend.

Selbsteinschätzung: „Eine feste Beziehung wäre schön, aber nicht um jeden Preis und in getrennten Wohnungen."

Isabell, 52 Jahre

Zugang zur Interviewpartnerin: über „Frankfurter Flirt-Night".

Schulabschluss: Abitur, Lehre zur Bauzeichnerin, Ausbildung zur Maskenbildnerin, tätig als Altenpflegerin.

Wohnort: Frankfurt, 4-Zimmer-Wohnung, 1 Zimmer davon untervermietet.

Kurzbiographie: geboren in Hamburg, durch Heirat nach Frankfurt gezogen, ein Sohn, seit 10 Jahren geschieden.

Selbsteinschätzung: „Ich bin zu anspruchsvoll. Ich finde niemanden, der zu mir passt."

Jens, 33 Jahre

Zugang zum Interviewpartner: über Bekannten, der am Flughafen arbeitet.

Schulabschluss: Abitur, Studium der Luft- und Raumfahrttechnik in Berlin, Projektarbeiten innerhalb und außerhalb Europas. Tätigkeit im gehobenen Management.

Wohnorte: Langen, Maisonettewohnung. Athen, Maisonettewohnung in einer WG.

Kurzbiographie: in Berlin geboren, in Westfalen aufgewachsen, in Berlin studiert, durch Arbeit am Berliner Flughafen nach Frankfurt gekommen, von dort aus weltweiter beruflicher Einsatz.

Selbsteinschätzung: „Ich will Single bleiben, im Sinne von Freiheit behalten."

Die Sicht der Akteure

Bei meinen Fragen leiteten mich folgende Gedanken: Singles haben körperliche, geistige, ästhetische, soziale und ökonomische Bedürfnisse. Zur Befriedigung der Bedürfnisse entwickeln sie bestimmte Aktivitäten. Welche Aktivitäten gehören zum Singlealltag? Bedürfnisbefriedigung ist von Strategien abhängig, die Singles im Alltag entwickeln. Welche Strategien entwickeln sie und gelingt es, die Bedürfnisse zu befriedigen? Die von ihnen entwickelten Strategien äußern sich in bestimmten Handlungsformen. Welche Handlungsformen sind für Singles charakteristisch und welche wiederkehrenden Muster lassen sich finden?

Den Befragten wurde die Möglichkeit gegeben, frei zu erzählen und subjektive Einstellungen zu äußern. Die Aussagen wurden auf dem Tonband festgehalten und sorgfältig in eine Textform übertragen. Der hier vorgestellte Text entspricht nicht dem vollständigen Gespräch. Er wurde auf Schwerpunkte konzentriert. Die Personen sind anonymisiert worden.

Bert: „Ich bin ein Einzelgänger."

Bert ist Single, Esoteriker, Antialkoholiker, Vegetarier. Ich treffe ihn beim Einkauf im Naturkostladen. Er ist groß und schlank, langhaarig und trägt eine Nickelbrille. „Es ist für mich wichtig, mich gesund zu ernähren und kleine Portionen zu kaufen, damit ich nicht die Hälfte wegschmeißen muss", lässt er mich wissen. Ich gewinne Bert für ein Interview am nächsten Tag in seiner Wohnung.

Wohnungsbesichtigung

Um 19 Uhr betrete ich den schmalen, langen Flur in der Zwei-Zimmer-Eigentumswohnung in einem Fünf-Familien-Haus in Dietzenbachs Westend. „Diese bevorzugte Lage am Feldrand bietet Naherholungseffekt auch an Wochentagen", begrüßt mich Bert. Er lädt mich zur Wohnungsbesichtigung ein. Auf der linken Flurseite finden sich Einbauschränke, „so habe ich mir viel Stauraum geschaffen", erklärt er. Nichts liegt herum, alles ist sorgfältig in Schränken verstaut oder scheint speziell für den eintretenden Besucher arrangiert.

Die Küche ist sehr klein, enthält auf einer Seite Einbauschränke aus Holz, auf der anderen Seite einen Tisch mit zwei Stühlen, darüber hängen wieder Bilder, die Bert vorwiegend im Urlaub aufnimmt: Brücken, Türen, Fensterausschnitte. Das ca. 15 Quadratmeter große Schlafzimmer ist zugleich auch Arbeitsraum. Bert hat auf selbst gebaute Unterschränke zwei Matratzen gelegt. Das Bad ist halbhoch gekachelt mit hellgelben Fliesen und recht geräumig. Über dem Waschtisch hängt ein „Alibert". Wir gehen ins Wohnzimmer und setzen uns auf die mit Blumenstoff überzogene Stilgarnitur. Bert liebt Jugendstilreplikate. „Echtes kann ich mir leider nicht leisten, aber wenigstens sind die Türen aus massiven Holz", meint er mit Blick auf Schrank und Vitrine. Die eingelegten Intarsien hätte er heute nicht mehr gewählt, jetzt bevorzugt er „Schlichteres mit weniger Schnörkel." Eine alte Singer-Nähmaschine hat er mit einer Marmorplatte versehen. Sie steht dekorativ, halb schräg vor einer Palme. Im Schrank bewahrt Bert seine Stereoanlage und eine umfangreiche Sammlung mit CDs auf. Er bevorzugt esoterische Klänge und bietet mir eine Kostprobe. Ich bekomme Wein und Nüsse kredenzt, während er selbst niemals Alkohol trinkt und sich mit Mineralwasser begnügt.

Vorbilder

Bert führt mich den Flur entlang, dessen Wände eine kleine private Ausstellung mit Schwarz-Weiß-Fotografien schmücken. Seine Motive sind Fenster- und Türausschnitte. Er erklärt mir: „Das ist meine Sicht der Welt. Wenn ich fotografiere, dann ist das fertige Bild nie so, wie ich es mir vorgestellt habe. Ich schaue mir Bilder von Newton in Illustrierten an und staune über die Perfektion und ärgere mich gleichzeitig, dass ich das nicht erreichen kann."

Bert hat einen hohen Selbstanspruch, wählt sich Newton zum Vorbild, dessen „besondere Ästhetik" ihn anspricht. Das Repertoire des 1920 geborenen Newton zielt in Richtung Mode, Reichtum, Erotik, Glamour. Er portraitiert die Schönen und Reichen der Welt und präsentiert deren Lebensstil. Bert hat den Wunsch nach Perfektion. Durch autodidaktische Weiterbildung versucht er ein Niveau zu erreichen, das ihm ermöglicht das zum Ausdruck zu bringen, was ihn im Inneren bewegt.

Herkunft

Bert wächst in einem Reihenhaus einer Bergarbeitersiedlung in Recklinghausen auf. Er hat sich selbst als kleinen, schwachen Jungen empfunden. In einer weiblichen Übermacht, gebildet aus Mutter, Großmutter und Schwester, hat er sich eine kleine eigene Welt geschaffen. Er baut Straßen, Häuser und ganze Städte aus Kartoffelbrei, was ihm starke Rügen bei Tisch einbringt. Es gibt eine klare Rollenaufteilung. Für die Küche ist Oma zuständig, für das Einkaufen die Mutter, der Vater ist der Ernährer. „Ihm kommt nicht nur beim Essen das größte Stück Fleisch zu, weil Fleisch für ihn ein Stück Lebenskraft bedeutet", sagt Bert, „sondern ihm ist im Allgemeinen Respekt zu zollen." Vater braucht, weil er im Schichtdienst arbeitet, tagsüber seine Ruhe. Danach richten sich alle im Haus. Auf der Straße muss Bert sich stark zurücknehmen. Raufereien mit anderen Kindern kommen für ihn nicht in Frage, weil er eine Brille trägt und die Mutter sehr um ihn besorgt ist. Er entschließt sich nach dem Hauptschulabschluss zum Besuch einer Fachschule mit einer anschließenden Lehre als Elektrotechniker. Er wählt einen krisensicheren Beruf, der ihm den Umgang mit fortschrittlicher Technik und selbständiges Arbeiten bietet. Aufgrund seines Vorwissens durch die Fachschule fühlt er sich in der Ausbildung bei dem „kleinen Krauter, bei dem ich nur Schlitze klopfen darf", unterfordert. Er fühlt sich sehr unwohl, beendet die Lehre. Der anschließende Fachhochschulbesuch erscheint Bert zu schwierig. Er hat nicht gelernt, sich selber zu organisieren, er fühlt sich von den Eltern reglementiert, von den Studenten nicht angenommen, vom Lernen überfordert, seine Welt wird ihm zu eng. Es kommt zu einer Krise.

Neubeginn und gegenwärtige Lebenssituation

Bert sucht nach einem Neubeginn. Er löst sich von seinen Eltern, Bekannten und seinem Beruf und zieht nach Frankfurt. „Mich hat Frankfurt fasziniert. Das Mini New York mit seiner Lebensart, ich will nicht sagen, verrufen, aber es hat doch für mich einen Reiz ausgelöst. Mich hat die Großstadt gelockt, und ich konnte mir die Arbeit aussuchen, die ich wollte." Heute ist Bert Angestellter bei einer Elektrofirma. Er wartet die Computer, verwaltet die Softwareprogramme.

Er sucht Anschluss in Studentenkneipen, in denen er das „alternative linke Milieu" zu finden glaubt, muss aber für sich erkennen: „Ich gehöre da nicht hin!" In der linken Szene wird er als politisch zu wenig informiert und engagiert abgelehnt. Bert merkt zudem, dass die Annehmlichkeiten der Großstadt ihren Preis haben. Aus ökonomischen Gründen sucht er nach einer Eigentumswohnung im Umland von Frankfurt. Er zieht in die Kleinstadt Dietzenbach, auch wenn er nun jeden Morgen eine halbe Stunde Fahrtzeit in Kauf nehmen muss. Unabhängiges Wohnen in den eigenen vier Wänden prägt den Wohn- und Lebensstil Berts. Eigentum bedeutet für ihn Alterssicherung und Reputation zugleich. Bert lebt im Westend Dietzenbachs, einem gewachsenen Ortsteil am Rande des alten Stadtgebietes, in dem es keine Hochhäuser gibt, sondern vorwiegend Einfamilienhäuser auf relativ großen Grundstücken, die Distanz zum Nachbarn erlauben und kleinere Einheiten mit Eigentumswohnungen. Bert erklärt: „Vom Standard her liegt dieses Gebiet zwischen dem alten Ortskern und dem Hexenberg und Wingertsberg, dem Wohnsitz der Reichen und Neureichen. Von den alten Dietzenbachern wird der Hexenberg als ‚Schuldenberg' und der Wingertsberg als ‚Känguruhügel' - große Sprünge mit leerem Beutel - bezeichnet."

Werthaltungen

Bert richtet sich in Dietzenbach komplett neu ein. Mit seinem Geschmack und Lebensstil will Bert sich von den Eltern distanzieren. Seine Einrichtungsgegenstände hat er sorgfältig gewählt. Während ihre Eicheschrankwand für Berts Eltern ein Symbol des Wohlstands und des guten Geschmacks ist, wobei es ihnen gleichgültig ist, ob Massivholz oder nicht, es muss nur wie Eiche aussehen, hat Bert den Anspruch, Massivholzmöbel zu besitzen. Das kann er sich bislang finanziell nicht leisten und muss auf Repliken zurückgreifen. Die Einrichtung muss stimmig sein. Er hat eine Liebe zum Detail, die sich nicht zuletzt im Arrangement seiner Sammeltassen in der Vitrine zeigt. Angesprochen auf ein modernes Ölgemälde, das mit dem Gesicht zur Wand gelehnt steht, meint er: „Das Bild hat mir eine Künstlerin geschenkt. Das hat mir bei der Ausstellung unheimlich gut gefallen, aber als ich es zu Hause hatte, hat es mir gar nicht mehr gefallen. Es passte nicht zur übrigen Einrichtung."

Alleine leben

Für Bert ist ein Single eine Person ohne festen Partner. Wer in getrennten Wohnungen lebt, aber eine Partnerschaft hat, der ist, nach Bert, kein Single. Er erwähnt den „starken" Single, der keine Kompromisse eingeht, ein Bild seiner selbst in früheren Jahren: „Einer, der seine Wohnung und sein Leben so einrichtet, dass er sich selbst wohlfühlt." Für eine Partnerin ist in Berts Wohnung kein Platz. Eine Partnerschaft würde für ihn einen Neuanfang bedeuten, „da müsste man nach anderen Alternativen suchen."

Allein zu leben hat für Bert den Vorteil, dass er die Auseinandersetzung mit einem Partner vermeidet. „Insofern ist das Einzelgängertum der bequemere Weg. Aber das rächt sich natürlich irgendwann. Wenn du nur alleine rummachst, dann hast du zuwenig soziale Kontakte. In jungen Jahren kompensierst du das durch andere Aktionen, aber in zunehmendem Alter macht dir das schon zu schaffen." Obwohl Bert die Vorteile des Singledaseins genießt, auch bestätigt, dass er früher sehr wenig kompromissbereit gewesen sei und sich bei Schwierigkeiten sofort getrennt habe, ist für ihn das Singleleben an ein bestimmtes Alter gebunden. Heute, mit 45 Jahren, hat er Angst, im Alter einsam und krank zu sein. Er hat in der *Apotheken Umschau* (Bankhofer 1997) gelesen, dass ständiges allein sein laut einer Langzeituntersuchung in der Schweizer Psychiatrischen Universitätsklinik in Basel anfälliger für Erkältungen mache. Auch Rückenschmerzen und Magenprobleme seien vermehrt festgestellt worden. Einsamkeit hinterlasse eben seelische und körperliche Spuren. Dem wirkt Bert durch Sportarten wie Gymnastik, Joggen und Radfahren entgegen.

Bert pflegt zahlreiche soziale Kontakte. „Ich suche mir Leute aus, mit denen ich mich gut austauschen kann. Mit Leuten gleichen Alters, sagen wir mal plus minus fünf Jahren, ist die Chance dafür größer, als wenn da zwanzig Jahre dazwischen liegen. Weil da aus der Vergangenheit gemeinsame Erfahrungen zu Grunde liegen." Bert hat einen festen Kreis von Leuten, mit denen er ins Kabarett geht oder sich zum Stammtisch trifft. Er besucht Kurse bei der VHS und verbringt seinen Urlaub in der Meditationsgruppe. Trotzdem bezeichnet Bert sich selbst als „Einzelgänger". Durch sein gesundheitliches Handicap, seine ausgeprägte Sehschwäche, hat er „ein höheres Sicherheitsbedürfnis als andere". Er hat die Erfahrung gemacht, dass es leichter ist, Konfrontationen zu vermeiden. Seine Erfahrung ist aber auch, dass er „die Erfahrungen anderer braucht," um nicht „Gefangener der eigenen Gedanken und Ideen zu werden".

Kochen und Essen

Bert kocht gerne mit Freunden, mag aber nicht alleine kochen. „Das Kochen wird nach wie vor von mir stiefmütterlich behandelt, wegen des Zeitmangels. Weil man ja doch eine gewisse Zeit für das Kochen aufwenden muss, und für sich alleine kochen macht nicht so viel Spaß. Es gibt auch ein Problem mit den Zutaten. Wenn man selten kocht, muss man viel wegschmeißen, weil es verdorben ist." Bert hat die Gewohnheit seiner Eltern, in der Küche zu essen, beibehalten. Er legt keinen Wert auf einen schön gedeckten Tisch, wenn er alleine isst und liest während des Essens nebenbei die Zeitung.

Selbstreflexion

Berts Grundeinstellung ist nach eigenen Angaben „konservativ", er kann den inkorporierten Erziehungsidealen seines Vaters nicht entkommen. Ihn prägt der „Bildungshunger des Menschen, der aus dem Arbeitermilieu stammt." Bert reflektiert über sein Manko der zu geringen Bildung. Sprache ist für ihn ein evidentes Merkmal, an der Bildung für andere deutlich wird.

Bert hat Strategien entwickelt, um die Defizite seiner Ausbildung zu überdecken, wenn er als Auditor auf Dienstreise mit Geschäftsleuten redet. „Meine Strategien liegen darin, dass ich den Geschäftspartner erst einmal ausreden lasse, was mir Zeit zum Nachdenken gibt, aber auch die Gefahr in sich birgt, dass der andere mein kurzes Schweigen so deutet, dass ich nichts zu dem Thema zu sagen habe. Dann bleibe ich immer neutral, vor allem wenn es politisch wird, und erwarte Unterstützung von meinen Kollegen."

Jörg: „Ich muss erst mal zu mir selber finden."

Jörg wohnt in Dietzenbach, in einem Dreifamilienhaus über einer Bäckerei, in einer etwa 40 Quadratmeter großen Dachwohnung.

Wohnungsbesichtigung

Jörg empfängt mich im engen Flur. Wir gehen in die Küche, in der Platz für einen kleinen Metalltisch mit zwei Stühlen, einen Herd, eine Waschmaschine und einen mit Kunststofffolie beklebten Küchenschrank ist. Er hat ein winziges Bad mit Dusche und Toilette, ohne Fenster. Sein 15 qm großes Wohn-Arbeits-Schlaf-Zimmer wird von einem japanischen Futon dominiert.

Herkunft und gegenwärtige Lebenssituation

Jörg erzählt mir: „Ich bin ein Ruhrpottkind. Ich bin mit 3 ½ Jahren beruflicherseits vom Vater nach Frankfurt gezogen. Mein Vater ist im Bergbau gewesen. Als es kritisch wurde, ist er zu Siemens gegangen." Von seiner Kindheit erzählt Jörg mir wenig. Er weicht aus und kommt immer wieder auf die Gegenwart und die jüngste Vergangenheit zu sprechen. Er hat zu seinen Eltern wenig Kontakt, betont, dass er durch seine Sportarten und durch das Kochen „neue Erfahrungen und neue Wege beschreiten will." Jörg träumt von einer größeren Wohnung, von Urlaub und Reisen. „Ich habe für die nächsten Jahre mir Ziele gesetzt: erstens mal eine größere Wohnung. Hier ist alles so gequetscht, und mein eigentliches Ziel ist Reisen. Im Sommer so zwei, drei Wochen weg in den Sommerurlaub und im Winter Skifahren. Hauptsache raus, so ein bisschen Luftveränderung." Seine Lebensumstände zeigen, dass er über zu wenig ökonomisches Kapital verfügt, um seine Träume zu verwirklichen.

Alleine leben

Für Jörg ist sein Singleleben eine vorübergehende Episode, in der er zu sich selber finden will, die er nutzt, um die Haushaltsführung zu erlernen. Jörg hat bislang Kochen als Domäne der Frau erlebt. „Ich bin aus einer Notsituation hierher gezogen. Ich habe bis vor kurzem sieben Jahre mit einer Frau zusammengelebt. Jetzt habe ich mir erst mal als Ziel gesetzt, kompletter Hausmann zu sein. Im Moment ist das noch ein bisschen anders, jetzt habe ich das schnelle Verfahren, aber der Drang zurück zu einer gesunden Kost und einer geregelten Lebensführung ist schon da. Mit meiner Partnerin haben wir immer sehr gepflegt im Wohnzimmer gegessen. Wir hatten so ein integriertes Wohn-Esszimmer, und da haben wir so in Ruhe zusammen gefrühstückt." Er sehnt sich zurück nach einer „geregelten Lebensführung", wie er sie in seiner letzten Beziehung erfahren hat.

Single oder Partnerschaft ist für Jörg eine Frage der positiven oder negativen Erfahrung. „Ist die Erfahrung gut, dann ist der Mensch in der Regel in einer festen Beziehung glücklich. Ist die Beziehung nicht gut, dann wollen sie lieber alleine sein, sich austoben, sich selbst verwirklichen. Ich möchte eigentlich schon eine feste Beziehung haben. Aber im Moment muss ich erst mal zu mir selber finden. Kontakte pflegen, Sport treiben, Vollwertnahrung zu mir nehmen, für mich selber was tun. In einer festen Beziehung, da muss man sich um den anderen kümmern, man hat feste Zeiten, alles ist geregelt." Erfahrung ist für Jörg ein wesentlicher Bestandteil seines Denkens. Die Erfahrung mit der langjährigen Partnerschaft hat in ihm den Wunsch geweckt, erst einmal zu sich selber zu finden. Er hat sich von seiner Partnerin getrennt, weil das Zusammenleben für ihn unbefriedigend war. Im Moment möchte er auch auf keinen Fall wieder mit einer Frau zusammen ziehen, weil „jeder seinen Freiraum braucht". Seine Idealvorstellung ist „eine Partnerschaft mit zwei getrennten Wohnungen".

Nach seiner Trennung möchte er vieles verändern, zunächst einmal für sich alleine herausfinden, was ihm gut tut, Selbständigkeit im Haushalt erlernen und neue Kontakte knüpfen. Dabei hilft ihm der Tanzsport, mit Unterbrechungen tanzt er schon sein „ganzes Leben". Tanzen ist für ihn ein Stück Tradition, das ihm seine sozialen Kontakte sichert, seine Wochenenden strukturiert. Gesellschaftstanz ist an eine Partnerin gebunden, mit der er sich verabreden kann.

Für Jörg ist Sport ein sehr wesentliches Element seiner Freizeit. „Ich mache Karate seit vier Jahren. Das war ein Kinderwunsch. Lange hat es mich abgehalten, dass viele sagen, das ist eine Kampfsportart. So habe ich erst mit 30 angefangen, und das ist eigentlich vom Körperlichen her zu spät. Ich habe einen asiatischen Touch weg. Vom Beruflichen her, von der Struktur her, bin ich sehr deutsch. Aber vom Handeln und der Denkweise bin ich asiatisch orientiert. Die Denkweise ist anders, empfindlicher, offener." Auch beim Essen orientiert sich Jörg an fernöstlichen Kulturen. „Ich liebe alle chinesischen und japanischen Varianten der Küche. Ich bin da total locker und offen. Je mehr man erfährt und kennt, desto besser."

Single zu sein bedeutet für Jörg eine Option, ein neues Denken zu entwickeln, anders zu leben als bisher. Das Singleleben ist nicht nur mit negativen Gefühlen verbunden, sondern bedeutet auch, sich selbst „verwirklichen" zu können, neue Kontakte zu suchen, Zugang zu fremden Kulturen zu finden. Sich asiatisch zu orientieren, ist für Jörg eine Option für eine neue Identität in einer Krisensituation, in der er erfahren hat, dass die bisherige Lebensform der Gemeinschaft nicht mehr „lebbar" ist.

Kochen und Essen, Alltagsgestaltung

Jörg hat Freude am gemeinsamen Kochen im Kochkurs und genießt das Essen als soziales Ereignis. Er hinterfragt die Ingredienzen, möchte den Umgang mit Gewürzen lernen, dazu besucht er den Kochkurs für Singles. Kochen ist für Jörg Neuland, darum hat er sich früher nie gekümmert. Er möchte wissen, was leicht und gut verdaulich ist. Das heißt für ihn: „Ich achte auf mich, ich finde heraus, was gut für mich ist. ... Ich mag eigentlich nicht gerne alleine essen. Ich koche nur dann, wenn Freunde kommen. Sonst hole ich mir mal einen Döner oder so was." Kochen ist für Jörg an die Gesellschaft zu anderen gebunden. Alleine Essen wird zur reinen Nahrungsaufnahme, die nicht mit Arbeitsaufwand verbunden sein soll.

Mich interessiert wie Jörg seine Abende gestaltet. Er erzählt mir: „Ich lese abends sehr gerne Biographien. Das fängt bei Jimi Hendrix an und so weiter. Dann lese ich sehr viele alte kaiserliche Geschichten, aber auch mit Liebe, wie empfinden Menschen, wie kann man mit Frauen umgehen, aber auch Beziehungsgeschichten, wie gehen Menschen miteinander um."

Jimi Hendrix verkörpert für Jörg den armen Jungen aus dem Arbeitermilieu, der zum expressiven Stars der Rockmusik aufgestiegen ist. Etwas Einmaliges, ganz Besonderes zu sein, neue Techniken herauszufinden, wie es Hendrix auf seiner Gitarre gelang, ist ein Traum, der für Jörg in weiter Ferne liegt. Zunächst einmal gilt es, Alltagsbeziehungen zu pflegen und zu meistern. Seinen Frust betäubt er mit Essen. „Ich bin schon sehr viel auf Achse. Ich kann abends nicht nur essen, weil das ist dann so ein Frustessen und dann platze ich aus allen Nähten. Das Alleinsein, das tut schon weh." Jörg ist oft auf der Flucht vor der Einsamkeit in den eigenen vier Wänden. „Als Single muss man schon sehr viel Kontakt pflegen. Ob man nun rausgeht oder ständig an der Strippe hängt, das ist egal. Man braucht das Gegenüber, sonst redet man mit der Wand, und es fällt einem die Decke auf den Kopf. Ich versuche, sehr viel in Kontakt zu kommen, ich versuche, immer wieder daraus zu lernen." Jörg sehnt sich einerseits nach Komplettierung, andererseits nach Autonomie: „Ich möchte zu mir selber finden, habe aber auch das Bedürfnis nach Gruppenzugehörigkeit. Ich brauche andere."

Ich konfrontiere Jörg mit der These: „Der Single ist nichts und niemandem verpflichtet außer seinem eigenen Lebensstil." Er reagiert sehr entrüstet: „Aber das ist ja total egoistisch. Dadurch bleibt er irgendwann ganz alleine, isoliert sich immer mehr und hängt sich irgendwann auf. Weil, der Mensch ist ein Rudeltier und braucht die anderen Menschen. Ich bin zwar als Single nur mir selber verpflichtet und habe nur für mich Verantwortung, das hat seine Vorteile, manche möchten das, weil sie dann niemandem Rede und Antwort stehen müssen."

Jörg erläutert mir, er habe bisher in seiner Beziehung eine klare Rollenverteilung zwischen dem Mann als Ernährer und der Frau als Hausfrau erlebt: „Es wird im Job verlangt, dass man überall einsetzbar ist, dass man abends noch auf eine Tagung muss oder so. Schon ist der Abend gelaufen. Die Frau hat zu Hause gekocht und man denkt: Ich sitze jetzt hier im Meeting, und ich habe so einen Hals. Das ist genau das Problem. Man möchte so leben, dass man sich was leisten kann. Für den Urlaub, vielleicht den gemeinsamen, oder man grenzt sich irgendwann gefühlsmäßig ab und ist alleine."

Mir fällt auf, dass Jörg oft von „man" spricht. Er umgeht damit die Entwicklung eigener Ideen und Wertvorstellungen in der neuen, für ihn ungewohnten und angstbesetzten Situation als Single und bemüht eine diffuse, höhere Macht, ein Bild gesellschaftlicher Strukturen, bei der die Handlungsweisen vorgegeben sind: „man ist überall einsetzbar, ... man möchte so leben, dass man sich was leisten kann, ... man grenzt sich gefühlsmäßig ab."

Selbstreflexion

Jörg möchte eine Partnerschaft, die ihm „Sicherheit" gibt in einer Welt, in der nichts mehr sicher zu sein scheint. „Im Moment kommt bei mir ein bisschen Egoismus und Freiheitsdenken durch. Aber in der Schnelllebigkeit der Welt muss man wissen, wo man hingehört. Ich will mir dazu viel Zeit lassen, was das Richtige für mich ist. Wenn ich jetzt jemanden kennen lernen würde, dann wollte ich erst mal alleine wohnen. Da geht zwar viel Zeit verloren, weil jeder muss sich um seinen eigenen Haushalt kümmern, und zu zweit geht alles viel schneller. Man muss die Möglichkeit haben, sich zurückziehen zu können. Ich habe sieben Jahre mit der Frau zusammen gelebt.

80

Ich habe viel Geld rein gesteckt in die Beziehung und hänge jetzt in einer Einzimmerwohnung und hatte ein komplett ausgestattetes Haus."

Jörg mag nicht über die näheren Umstände sprechen, die zur Trennung und zur Aufgabe des Hauses geführt haben, warum er seinen Job verloren hat und nun ohne Mittel dasteht. Sein Fazit ist, dass er eine negative Erfahrung gemacht hat, alleine zurechtkommen muss. Im Rahmen seiner Möglichkeiten schafft er sich seine eigene kleine Welt, die Rückzugsort ist, die er nur für sich gestaltet hat: „Ich brauche mein Essen, meinen Raum, mein Reich." Auf die Frage, was dies für ihn bedeutet, erfahre ich: „Es ist ein bisschen mein persönlicher Stil hier drin. Platzmäßig bin ich sehr beengt, aber es ist mein persönlicher Geschmack. Der lässt sich zwar variieren, aber eigentlich ist das hier für mich kreiert."

Ich spreche Jörg auf die Gegensätze bei der Gestaltung seiner Wände an - „Rosenkranz" und „Werner" - und erfahre: „Der ‚Rosenkranz' zeigt, dass ich christlich eingestellt bin, so rein vom Kopf her, und ‚Werner' zeigt die Konfrontation. Aufzeigen, dass es noch andere Richtungen gibt, mal was Gegensätzliches."

Ich deute auf ein Poster. Es zeigt das „Raumschiff Enterprise". Er erklärt: „Das bedeutet: weg von der Realität, die man tagtäglich hat. Traumvorstellung über die Zukunft, aber auch immer mehr Realismus, weil technisch nachgeholfen wird über den Kopf, naturwissenschaftlich. Aber es ist auch Traum, Fiktion vom Ausbrechen; 95 % Realität und 5 % Fiktion."

Werthaltungen

Der „Rosenkranz" steht für Tradition, „Werner" für eine Spaßkultur, „Enterprise" ist ein Produkt der Medienwelt, eine Vision der Zukunft. Im Nebeneinander von Gegensätzen wie „Rosenkranz", „Werner" und „Enterprise" zeigen sich für Jörg traditionelle Orientierung und Zukunftsvisionen. Der „Rosenkranz" ist das symbolische Gebet des gläubigen Katholiken, steht für Glauben, Vertrauen, Vergebung. Die Comicfigur „Werner" ist ein Sprücheklopfer, Motorradfreak, Säufer und Frauenhasser. Eine Figur, die erfolgreich ist, weil sie sich über alle von der Gesellschaft geforderten Tugenden wie Mäßigung, Gleichberechtigung, geistiges Anspruchsniveau hinwegsetzt. Die Handlungen in der amerikanischen Serie „Raumschiff Enterprise" transportieren bestehende gesellschaftliche Strukturen von Recht und Ordnung an weit entfernte, fremde Orte in der Zukunft. Ihre Helden meistern jede Situation, sind unbestechlich, aufrecht; sie agieren in einer fremden, bizarren, interessanten Welt und symbolisieren gleichzeitig etablierte Werte bestehender Gesellschaftsordnungen.

In Jörgs kleinem Reich wird sein Bett zum Allzweckmöbel. „Ich bin inzwischen soweit, dass das Bett das wichtigste Möbelstück für mich ist. Als ruhender Pol, ein Futon, von dem ich mich weniger trennen könnte als von meinem Computer. Das ist aber auch bedingt durch die Räumlichkeiten. Das Bett wird hier vielseitig verwendet; zum Entspannen, zum Essen, für Geborgenheit und Ruhe.“

Seine Abgrenzung von den Eltern und dem, was bisher für ihn Gültigkeit hatte, bezieht sich zwar auf seine Einrichtungsgegenstände, nicht aber auf die Werte, die ihm durch die Erziehung vermittelt wurden. „Ich persönlich schätze die preußischen Tugenden: Ehrlichkeit, Treue, Zuverlässigkeit. Dazu stehe ich.“

Lebensziele

Ich frage Jörg nach seinen Lebenszielen und bekomme die Antwort: „Erst mal beruflich sich sanieren im nächsten Jahrtausend. Das sind aber nur die wirtschaftlichen Faktoren. Von der persönlichen Seite suche ich nach der ‚Großen Liebe‘.“ Jörg befindet sich in einem Moratorium, in einer Übergangszeit, in der er neue Wege finden muss, neue Ziele. Das Singleleben ist für Jörg der Versuch, aus einer unerwünschten Situation das Beste zu machen, aber nicht sein Endziel. Er sehnt sich nach der „Großen Liebe“, die ihm wieder die Geborgenheit und Sicherheit vermittelt, die er im Moment verloren hat.

Mich interessiert, wann Jörg mit seiner Suche beginnt. Er lächelt: „Ich mache nicht mehr den Fehler und suche mit aller Gewalt. Ich überlasse das dem Schicksal.“ Ich frage ihn, ob er mit Kontaktanzeigen dem Zufall nachhilft. Er schüttelt den Kopf: „Das war früher gewesen. In der Zwischenzeit lasse ich die Dinge auf mich zukommen. Was wirklich gut ist, geschieht durch Zufall und bildet sich mit der Zeit. Ich bin nicht auf der Suche nach irgendwelchen Abenteuern, sondern nach etwas Langfristigerem. Ich bin geweckt worden. Ich weiß, wie schön so was ist.“ Sich seinem Schicksal ergeben, das heißt für ihn die „Notwendigkeit“ einzusehen, dass er selber keinen Einfluss auf die Partnersuche hat. Er vertraut auf die Zukunft, in der alles möglich sein kann.

Corinna: „Ich fühle und benehme mich wie ein Single.“

Es ist 19 Uhr 30. Ich parke meinen Wagen in der Durchgangsstraße und stehe vor einem Dreifamilienhaus aus den 30er-Jahren. Das schmiedeeiserne Hoftor ist mit einer Mopedkette verschlossen. Corinna öffnet mir. Ich folge ihr durch einen verwunschenen Garten mit Kübelpflanzen in alten gusseisernen Badewannen. Fünf Stufen führen zu Corinnas Wohnbereich. Treppenhaus und Eingang zur Wohnung sind nicht durch eine Tür voneinander getrennt, sondern bilden eine Einheit.

Wohnungsbesichtigung

Mein Blick fällt auf selbstgebaute Regalwände mit Puppen und Büchern. Corinna führt mich durch ihre Wohnung. Die Küche mit einem großen, antiken Esstisch und zahlreichen Töpfen und Tiegeln aus einem Apothekenbestand auf offenen Regalen, sticht ins Auge. Für das 30 Quadratmeter große Wohn- und Esszimmer hat sie wertvolle Antiquitäten erworben. Ein Ahnherr posiert auf einem Gemälde an der Wand. Selbstgebundene getrocknete Strohblumensträuße und Blumenkränze liegen auf offenen braunen Regalen. Der runde Esstisch ist liebevoll mit Platzdeckchen verziert, in der Mitte liegt ein gesticktes Deckchen. Corinna war auf dem Markt. Viele eingelegte Köstlichkeiten wirken einladend auf Auge und Gaumen. Sie bewirtet gerne Gäste, kocht gerne, gestaltet den Tisch liebevoll.

Alleine leben

Corinna, die ich über eine Kontaktanzeige kennen gelernt habe, frage ich, wie sie den Single definiert und ob sie sich selber als Single bezeichnet . Sie antwortet mir: „Jetzt im Moment ja. Ich würde mich nicht mehr als Single definieren, wenn ich jetzt jemanden hätte, einen wirklich festen Freund, einen Lebensabschnittsgefährten oder so was. Wenn wir zusammen leben würden in einem Haus oder in einer festen Wohnung. Wenn ich jetzt wirklich jemanden hätte, wo man sich wie verheiratet treu ist und alles, dann würde ich mich nicht mehr Single nennen. Die letzten zwei Jahre, mein Mann und ich waren ja schon geschieden, da bin ich hier wieder eingezogen, nachdem ich die Haushälfte von meinem Mann gekauft hatte. Und er sollte zwei Monate später ausziehen, und dann sind zwei Jahre daraus geworden. Und in diesen zwei Jahren war ich Single und habe mich auch als Single gefühlt. Und es gab auch keinen Partner. Auch wenn man noch verheiratet ist, kann man sich als Single fühlen. Ich habe mich zumindest benommen wie ein Single." Ich frage dazwischen, *wie* sich ein Single benimmt und erfahre: „Wenn ich ganz normal verheiratet bin, auch gut verheiratet bin, würde ich draußen keinen neuen Partner suchen."

Corinna organisiert, plant und strukturiert ihren Alltag ohne festen Bezugspartner. Sie lebt seit sieben Jahren alleine in einem Dreifamilienhaus in Offenbach, in dem sie die Parterrewohnung und das oberste Stockwerk bewohnt. Der erste Stock ist vermietet. Sie besitzt noch ein weiteres Wohnhaus in Offenbach, das sie als ihre „Altersversorgung" bezeichnet. Offenbach bietet Corinna die „Annehmlichkeiten einer Stadt mittlerer Größe, und man kann abends schnell noch mal nach Frankfurt fahren, wenn was Interessantes im Theater läuft". Die Nähe zur Großstadt ist Corinna wichtig. Nach Heidelberg, ihrem Arbeitsort, der ihr als Wohnort „zu studentisch" wäre, fährt sie mit der Bahn und nützt die Zeit, um noch etwas vorzubereiten oder durchzulesen.

Herkunft

Corinna stammt aus Oberschlesien, wo ihr Vater als Ingenieur arbeitete. Nach der Scheidung ihrer Eltern blieben sie und ihre beiden Geschwister beim Vater, der wieder heiratete. Aus dieser Ehe stammt noch ein Stiefbruder. Bis zu ihrem achten Lebensjahr hatte die Familie Bedienstete, die auch für die Küche und das Tischdecken und Servieren verantwortlich waren. Man „tafelte" im Speisezimmer mit weißer Tischdecke, Servietten und weißem Geschirr. Nach dem Umzug der Familie in die ehemalige DDR lebten sie in einer geräumigen Vier-Zimmer-Wohnung. Die Kinder waren für das Decken und Abräumen des Tisches verantwortlich. Man aß im Wohnzimmer am Esstisch, der mit einer weißen Plastikdecke bedeckt war. Nach den Mahlzeiten wurde die Decke gereinigt und im Schrank verpackt. Das Essen kam direkt in Töpfen auf den Tisch. Corinna sollte nach dem Abitur, auf Wunsch des Vaters, die Diplomatenlaufbahn einschlagen. Sie selber wollte Biologie oder Erdkunde studieren. Man einigte sich auf Volkswirtschaft. Das Studium empfand Corinna als zu trocken und scheiterte bei der Diplomprüfung. Sie brach den Kontakt zum Vater ab und arbeitete als Redaktionsassistentin bei verschiedenen öffentlichen Trägern.

Der traditionelle weibliche Aktivitätsspielraum

Mit 36 Jahren heiratete sie. Ihr Mann brachte einen zehnjährigen Sohn mit in die Ehe, zu dem Corinna ein sehr herzliches Verhältnis entwickelte. Sie nahm sich die Zeit, mittags, trotz ihrer Berufstätigkeit, ein warmes Essen für den Stiefsohn zu bereiten, das sie gemeinsam im Wohnzimmer einnahmen, weil es in der kleinen Küche keinen Essplatz gab. Abends kochte sie nochmals für ihren Ehemann. Einige Jahre später kauften sie sich ein Dreifamilienhaus, das sie alleine bewohnten und in dem nun auch Platz für ein Esszimmer war. Nach dem Scheitern der Ehe zog sie aus dem gemeinsamen Haus in ein möbliertes Zimmer in der gleichen Stadt um. Ein Jahr später zog sie ebenfalls in Offenbach in eine Drei-Zimmer-Wohnung um und wurde beruflich „recht erfolgreich". Corinna einigte sich mit ihrem Mann und kaufte ihm seinen Anteil am Haus ab.

Lebensziele

Corinna hat eine kontinuierliche berufliche Laufbahn aufzuweisen und arbeitet heute als Journalistin. Ich möchte erfahren, ob ihr der Beruf gefällt. Ihre Stimme wird lauter als sie mir antwortet: „Ich würde gerne was anderes machen, weil es mir nicht mehr so gut gefällt da. Und jetzt haben die den Hauptgeschäftsführer gewechselt vor vier Jahren, und damit fing die Katastrophe an. Und das ist hart, hartes Brot. Ich würde sofort wechseln. Aber wer nimmt einen, der über 50 ist. Und wenn ich dort bin und man weiß erst nach einem oder zwei Jahren, dass es nicht funktioniert, dann bin ich wieder zwei Jahre älter. Dort weiß ich, dass die mich behalten. Ich mach meine Arbeit dort, und so ewig ist es ja auch nicht mehr, das sind noch fünf Jahre. Die Arbeit ist für mich einfach lebensnotwendig."

Corinna freut sich auf die Zeit, in der sie nicht mehr arbeiten gehen muss: „Ich denke, ich werde mir dann auch Aufgaben suchen, die mich auch in die Pflicht nehmen. Im sozialen Bereich, nehme ich an, wird es sein. Ich will auch gerne reisen, ich will auch noch was sehen von der Welt. Nicht teuer, aber viel. Ich will gucken, ob ich mir dann auch wieder einen Hund anschaffe. Ich möchte mich mehr mit Malen und Modellieren befassen. Ich denke, ich würde mir dann eine Aufgabe mindestens suchen, die mich regelmäßig fordert. Nicht eine Aufgabe, sondern ein Ziel." Bei dem Wort „Ziel" hake ich nach und frage sie, ob Partnersuche auch ein Ziel für sie sei. Das lehnt sie entschieden ab: „Es gibt Frauen, die das unbedingt wollen, aber ich nicht." Sie lebe heute bewusst alleine, lässt sie mich wissen: „Nur wenn es richtig knallen würde, ich nochmals die ‚Große Liebe' finden würde, wäre ich bereit, eine neue Partnerschaft einzugehen."

Veränderung des weiblichen Rollenbildes

Meine Respondentin, die zunächst das in ihrer Generation „normale" Leben einer Hausfrau und Mutter geführt hat, begann eine neue Orientierung zu suchen. Sie entwickelte nach der Trennung den Wunsch nach Unabhängigkeit, wobei ihr sowohl ihr ökonomisches als auch kulturelles und soziales Kapital sehr halfen. Sie besitzt heute zwei Häuser, hat ein festes soziales Netz, in dem sie aufgefangen wird, lädt Gäste ein, veranstaltet Matineen, reist nicht mehr in die Alpen, sondern nach Vietnam.

Corinna lebt heute sehr bewusst. Sie negiert die traditionelle Frauenrolle zwischen Hausarbeit, Versorgungsarbeit und Beruf. Alleine zu leben bezeichnet sie als „persönlichen Gewinn". Das Fehlen des familiären Eingebundenseins ersetzt sie durch die Gymnastikgruppe, den Single-Stammtisch, den von ihr gegründeten „Kulturkreis", mit dessen Mitgliedern sie regelmäßig in Theater, Kino, Konzerte oder Ausstellungen geht. Damit gewinnt sie größere persönliche Entfaltungsmöglichkeiten als in ihrer Ehezeit, hat Raum für intensivere Freizeitaktivitäten, wie z. B. das Reisen und konzentriert sich stärker auf ihren Beruf, in dem sie sich immer besser qualifizieren konnte. Obgleich sie aufgrund ihres Alters keine neue, adäquate Stelle findet und der Beruf für sie oft „hartes Brot" bedeutet, bietet er doch die ökonomischen Voraussetzungen, um sich ihren Lebensstil leisten zu können. Sie hat sich ein der Familie gleichwertiges Beziehungsnetz geschaffen, erspart sich aber die Last der Verwandtschaftsverpflichtungen und genießt den positiven Umgang mit der Familie ihres Stiefsohnes.

Werthaltungen, Kochen und Essen

Sie erzählt mir, dass sie großen Wert auf einen „ästhetischen Wohnstil" legt. Corinna liebt alte Möbel, die sie teilweise von ihrer Mutter und Schwester geerbt, aber auch auf Auktionen erworben hat. In ihrem Wohnzimmer vereinigen sich viele Stilrichtungen. Sie mag Einzelstücke, die ihren Wert nicht verlieren. Der Erinnerungswert an das Elternhaus spielt für Corinna keine Rolle. Möbel sind für sie nicht mit Tradition, sondern mit Gefühl verbunden. „Ich mag alte Möbel viel lieber als die neuen. So von der Ästhetik und von der Wärme. Meine Kinder sind ganz anders eingerichtet, Schwarz mit Chrom und Glas."

Essen und Kochen für sich alleine spielen für Corinna heute keine große Rolle mehr. Kommen Gäste, kocht sie gerne nach Kochrezepten aus Illustrierten, die sie schon lange vorher gesammelt hat und nach eigenem Geschmack umgestaltet. Grundlage eines guten Essens ist für sie Fleisch oder Fisch mit Kartoffeln, Reis, Gemüse und Salat. Sie meint, dass Gäste sich immer freuen, wenn sie deftige Hausmannskost bekommen. Soll es mal raffinierter sein, spielen Gewürze eine wichtige Rolle. Aus ihrer Stammfamilie hat sie nur ein Rezept übernommen, das aber immer sehr gut bei ihren Gästen ankommt, nämlich Pfannkuchenteig mit Mett gefüllt, der in kleinen Röllchen in der Pfanne gebraten wird. Corinna organisiert bei sich im Garten einmal im Jahr eine Matinee und besticht dabei unter anderem durch ihre Kochkunst. Sie meint: „Kochen ist ganz einfach, man nimmt Fleisch oder Fisch als Grundlage und verfeinert mit Gewürzen. Auch mit Speisen aus anderen Ländern ist das nicht anders, man muss nur die richtigen Gewürze nehmen." Voraussetzung für ein gutes Essen mit Gästen sind zunächst einmal die finanziellen Mittel; ein opulentes Mahl zuzubereiten kostet Zeit und Geld. Dies leistet sich Corinna nur selten.

Für sich alleine betreibt Corinna nur geringen Aufwand beim Essen. „In der Woche sieht es so aus, dass ich hier ungegessen weggehe. Und dann habe ich was, was ich mitnehme. Stücke Brot aus der Tüte, zwei Joghurt, ein bisschen Wurst. Ich brauche keine warmen Mahlzeiten. Ich esse in der Küche, oder ich mache mir in der Küche was und esse das hier so direkt. „Das kommt alles auf einen Teller, wenn ich Schafskäse und Tomaten habe, und da muss ich nicht mehr rausrennen." Nur in Gesellschaft macht Corinna sich die Mühe, den Tisch nett zu decken und ihre Kochkünste anzuwenden.

Isabell: „Mit einem Partner wäre alles einfacher."

Isabell lerne ich bei der „Frankfurter Flirt-Night" kennen. Sie wohnt in Frankfurt in einer Vier-Zimmer-Wohnung. Ein Zimmer muss sie untervermieten, „weil es sonst nicht langt".

Herkunft

Bei Lachsschnittchen und Champagner erzählt sie mir: „Meine Eltern waren früher schon modern, sie haben sich scheiden lassen, als ich sieben war. Mein Vater war Handelsvertreter, meine Mutter Buchhalterin, sie haben trotz der Scheidung immer ein gutes Verhältnis zueinander gehabt, aber einfach nicht zusammen gepasst." Isabell versucht, den Gegebenheiten des Lebens eine positive Seite abzugewinnen. Sie macht sich selbst zur Analytikerin ihres Lebens, sieht die gescheiterte Ehe ihrer Eltern aus einer distanzierten Position.

Werthaltungen, Kochen und Essen

Isabell formuliert Werthaltungen und betont ihre Fähigkeiten, sie auch umzusetzen. „Bei uns wurde sehr viel Wert auf Essen gelegt. Gute Tischmanieren waren wichtig. Gegessen wurde ausschließlich am fein gedeckten Tisch im Wohnzimmer. So habe ich das auch für mich beibehalten. Alles muss gediegen und wertvoll sein. Essen ist für mich ein Stück Kultur, und ein Satz wie ‚schmatz nicht so' klingt noch heute in mir nach." Mit dem Essen verknüpft Isabell bestimmte Verhaltensnormen, wie Tischsitten und Konventionen. Sie hat sich ihr Traditionsbewusstsein bewahrt. „Während meiner Ehe habe ich sehr auf einen guten Stil geachtet. Ich habe mir immer neue Rezepte einfallen lassen und hatte nur echte Antiquitäten, davon bin ich heute ziemlich abgekommen. In meiner Wohnung habe ich nur einen alten ‚Frankfurter Schrank‘, zu dem kann man jedes Möbelstück kombinieren. Heute ziehe ich Glas und modernes Interieur vor. Jeden Abend bereite ich mir ein kleines Mahl zu. Ich esse immer im Wohnzimmer mit schön gedecktem Tisch und zünde mir eine Kerze an. Das bin ich mir wert, das Beste ist gerade gut genug für mich.“ Zum „guten Ton“ gehört für Isabel eine gebildete Sprache, Höflichkeit und eine zwar gelockerte, aber dennoch sehr sorgfältige Kleidung. „Stil haben“ und „Geschmack beweisen“ versteht sie als „Markenzeichen der Privilegiertheit“.

Der traditionelle weibliche Aktivitätsspielraum

„Mein Mann ist Flugkapitän. Ich habe ihn in einem Restaurant in Hamburg kennen gelernt. Wir haben schnell geheiratet und uns ein Haus in Büttelborn gekauft, über 200 Quadratmeter, mit allem Schnickschnack. Wir waren mit Antiquitäten eingerichtet. Alles war wertvoll und gediegen. Das Haus war meine Domäne. Am Anfang war es toll. Er hat mich überall mit hingenommen. Ich habe die ganze Welt mit ihm bereist. Als dann das Kind geboren wurde, haben wir es anfangs mitgenommen. Als er in die Schule kam, hat das aufgehört. Plötzlich habe ich alleine mit ihm in dem großen Haus gesessen. Ich habe das Kind praktisch alleine großgezogen. Er hatte wechselnde Freundinnen, hat viel getrunken, abends, wenn er mit der Crew im Hotel war. Jeder von uns hatte seine eigene Welt.“

Während ihrer Ehe war Isabell nicht berufstätig. „Ich habe mich ausschließlich um meinen Sohn gekümmert, mich im Elternbeirat und in der Schule engagiert und gedacht, damit bin ich schon total ausgelastet. Mein Hobby war die Schauspielerei, und ich habe mich einer Laienspielgruppe angeschlossen, Kostüme genäht und Auftritte organisiert.“

Alleine leben

„Ich war froh, als ich geschieden war. Ich bin dann mit meinem Sohn nach Frankfurt gezogen. Ich war euphorisch. Das mit dem Sohn hat prima geklappt, ich konnte endlich alles so machen, wie ich das wollte, aber das mit dem Partner halt nicht mehr.“

Isabell ist gelernte Bauzeichnerin. Nach ihrer Scheidung gelang es ihr zunächst, für ein Jahr in ihrer alten Firma zu arbeiten. „Dann hat der Laden dichtgemacht, und ich habe keine andere Firma mehr gefunden, die mich nimmt. Erst mal habe ich dann umgesattelt zur Maskenbildnerin. Das hat mir unheimlich Spaß gemacht, weil ich da wieder was mit dem Theater zu tun hatte. Überhaupt liebe ich alles, wo ich künstlerisch gestalten oder dekorieren kann. Ich bin sehr kreativ.“

Als freiberufliche Maskenbildnerin gerät Isabell in eine wirtschaftlich untragbare Situation. „Ich habe dann eine Umschulung zur Altenpflegerin gemacht. Der Beruf gefällt mir, aber die Arbeitszeiten sind fürchterlich. Ich arbeite Schicht und habe oft nur alle vier Wochen mal am Wochenende frei. Abends komme ich oft erst um 22 Uhr nach Hause. Dann sind alle Aktivitäten schon bereits gelaufen. Wenn ich Sechs-Uhr-Dienst habe, dann bin ich mittags früh zu Hause, aber muss abends früh ins Bett, weil ich am nächsten Tag wieder raus muss."

Isabell ist kein Single aus Überzeugung. Seit ihrer Scheidung muss sie Geld verdienen. In ihrem Wunschberuf als Maskenbildnerin konnte sie nicht Fuß fassen, in ihrem jetzigen Beruf als Altenpflegerin bleibt ihr durch den Schichtdienst wenig Zeit für ihre Freunde. „In Büttelborn habe ich meine ganzen sozialen Kontakte. Da gibt es noch die Frauen von den Kollegen meines Mannes. Wir haben früher viel zusammen unternommen, und es gab oft Partys. Heute sind fast alle geschieden. Wir haben alle die gleichen Probleme. Das Geld langt nach der Scheidung nicht, wir müssen uns neu orientieren. Das ist nicht einfach, wenn man auch einen anderen Standard gewöhnt ist."

Ein weiterer wesentlicher Einschnitt in ihrem Leben ist der Auszug des Sohnes aus der Frankfurter Wohnung: „Seitdem mein Sohn ausgezogen ist, bekomme ich weniger Unterhalt. Ich habe sein Zimmer vermietet. Immer an junge Leute, die hier für ein paar Monate Schulungen machen. Bedingung ist, dass sie am Wochenende nach Hause fahren, dann habe ich meine Wohnung und meine Badewanne für mich." Isabell will aber unbedingt weiter in Frankfurt wohnen. „Ich brauche die Großstadtluft. Da gibt es einfach mehr Möglichkeiten, Theater, Kino usw. Im Sommer gehe ich oft zum ‚Wagner‘, das ist eine Apfelweinkneipe in Sachsenhausen, da treffe ich immer Leute. Im Sommer ist es leichter, Leute zu treffen. Im Winter gehe ich, wenn ich das mit meinem Dienst hinkriege, ins ‚Weinkontor‘, wenn eine Freundin Zeit hat. Alleine gehe ich nur ganz selten weg."

Zwischen Traditionen und neuen Verhaltensmustern

Besonders schwer fällt ihr das Alleinsein bei traditionellen Familienfesten wie beispielsweise Weihnachten. Auf meine Frage, wie sie dieses Fest gestaltet, antwortet Isabell: „Das ist ein heikles Thema. Weihnachten, das ist für mich immer mit Familie verbunden, da muss die Gans im Bratofen sein. Man packt Geschenke aus und sitzt gemütlich zusammen. Ich bin in diesem Jahr bei einer Freundin eingeladen. Erst höre ich mir ein Orgelkonzert an und dann gehe ich erst um 22 Uhr da hin. Dann hat sie schon mit ihrer Familie Bescherung gemacht. Sonst komme ich mir so überflüssig vor. Am

ersten Weihnachtstag lade ich mir Freundinnen ein. Das sind alles die Flughafenfrauen. Jede erzählt dann, wie sie mit ihren Schwierigkeiten, dem Alleinsein, dem Beruf und so weiter klarkommt. Da kann ich dann auch meine
Gans machen. Ich habe in diesem Jahr eine tolle Idee, was ich statt eines
Weihnachtsbaumes nehmen könnte. Ein großer Weidenzweig, der bis an die
Decke reicht, wird mit kleinen, von mir gestalteten Päckchen behangen und
mit roten Lackschleifen verziert. Übrigens fahre ich direkt nach Weihnachten für drei Wochen nach Bali – zum ersten Mal alleine!"

Isabells improvisierte Weihnachtsfeier erinnert mich an den Roman „Der
Fisch ohne Fahrrad" von Elizabeth Dunkel. 1988 erschien in Amerika ihr
Buch über eine moderne, beruflich qualifizierte Frau, die als Single lebt.
Obwohl die Protagonistin jung, gescheit und attraktiv ist und ihr Leben interessant zu gestalten weiß, verbringt sie doch die Nächte voller Sehnsucht
und die Tage auf eine Chance wartend, um ihr Single-Dasein zu beenden.
Katja, die Protagonistin des Romans, hat besonders ihre Probleme bei traditionellen Familienfeiern: Sie will nicht zu ihren Eltern nach Hause fahren
und die Rolle der unverheirateten Tochter spielen; sie will Herrin in ihrem
eigenen Haus sein. Also interpretiert sie den ganzen Tag als „einen urameri-
kanischen Tag der Exzesse, der Danksagung gewidmet" und lädt ein paar
Freunde ein. Sie erklärt ihnen, dass sie eine Tradition beginnt, Katjas salon
de refusés. Sie versichert ihnen, dass ihr Thanksgiving-Salon in den kom-
menden Jahren zum heißesten Tipp der Stadt werden wird. Zwischen Traditionen und neuen Verhaltensmustern schwankend, versöhnt sie sich mit ihrem Singleleben. Als sie nicht mehr auf den „Richtigen" wartet, erscheint
er. Eine Bindung wäre jetzt möglich - aber die Autorin lässt das Ende offen.

Isabell sucht seit dem Beginn ihres Singlelebens nach neuen Mustern und
Strategien. Bedingt durch die Einsamkeit am Weihnachtsabend gestaltet sie,
wie Katja im Roman „Der Fisch ohne Fahrrad", ehemalige Familienfeste als
bewusst neu und deklariert sie zur eigenen Erfindung.

Gregor: „Ich kann alleine sein und bin unabhängig."

Gregor holt mich zu einem kleinen Rundgang durch sein Wohngebiet in
Sprendlingen ab. Er wohnt hier seit fünfzehn Jahren und fühlt sich sehr
wohl, „viel Grün, wenig Verkehr und nicht so viel Kriminalität wie in der
Großstadt", betont er. Seine Wohnung liegt in der Nähe eines Schwimmba-
des. Gregor liebt das Saunieren, legt Wert auf Körperkultur, Fitness und Gesundheit. Er führt mich zuerst in den Keller des dreistöckigen Hauses, wo er
noch zwischendurch seine Wäsche aufhängen muss. Fast alle Kleidung
kauft er auf seinen Reisen. „Da steht dann auf dem T-Shirt ‚Chiemsee' oder
so was. Erstens ist es billiger und fällt dann zu Hause aus dem Rahmen."

90

Wohnungsbesichtigung

Gregors Wohnung hat zwei Zimmer, liegt im zweiten Stock und ist ca. 50 Quadratmeter groß. Sein Wohnzimmer schmücken Andenken aus Bali und Sri Lanka. Einen kleinen runden Tisch bedecken Prospekte und Zeitungsausschnitte. Ein Bildnis einer nackten Schönen aus Bali schmückt die Wand. Daneben hängen balinesische Malereien. Auf dem Holzregal stehen Reisebücher und Fotografien, die immer ihn selbst darstellen. Die winzige Küche ist ausgestattet mit weißen, funktionalen Einbauschränken. Das Bad weist nur eine Dusche auf und ist fensterlos. Sein Schlafzimmer ist ein kleiner Raum, in dem nur ein Bett und ein Kleiderschrank Platz finden.

Er kocht uns eine Wiener Melange, die wir auf dem Balkon trinken. Hier haben gerade ein Tisch und zwei mit Decken überzogene Stühle Platz. Er ist stolz auf seine Balkonkästen, in die er im Sommer Geranien pflanzt und die er mit Holzblumen verziert hat.

Herkunft

Gregor lebt seit fünfzehn Jahren alleine. Er kommt aus Wien, wo er ohne Vater bei der Mutter aufgewachsen ist. Das hat ihn, so meint er, „bindungsunfähig" gemacht. Schon früh wollte er der „Herrschaft der Mutter entkommen" und hat sich viel auf der Straße in der Wiener Innenstadt aufgehalten. Die Mutter war nicht berufstätig, hat von einer kleinen Pension gelebt und gut und gerne gekocht. Sie aßen im Wohnzimmer, und ein schön gedeckter Tisch war selbstverständlich.

Für Gregor war der Großvater eine wichtige Bezugsperson. „Er hat in mir die Liebe zur Erdkunde und Geschichte geweckt, aus der meine spätere Freude am Reisen resultiert." Zunächst hat ihn die Mutter in eine „Bäckerlehre gesteckt", in der sich Gregor äußerst unwohl fühlte. Auch die Banklehre erschien ihm zu „starr". Seine Chance sieht er in einer Karriere bei der Lufthansa, die zu seiner Familie wird, ihm soziale Kontakte, ökonomische Vorteile und Weiterbildung bietet.

Gregor möchte sich ganz bewusst aus der Enge der Stadt Wien und der kleinbürgerlichen Erziehung seiner Mutter befreien. Er liebt die Frauen, das Reisen, fühlt sich überall zu Hause, genießt das Leben und vor allem – die Selbstdarstellung. Gregor gefällt das Leben bei der Lufthansa. „Da ging ein Traum in Erfüllung. Erst mal sind wir gleich zum Lehrgang nach Hamburg sechs Wochen. Da waren lauter Frauen. Das war schon was für mich. Ich verstehe mich mit Frauen sehr gut. Komme gut zurecht. Ich bin sehr einfühlsam. Auch die Tätigkeit am Flughafen ist mir entgegengekommen, weil ich gerne unter Leuten bin, mich gerne unterhalte und organisiere auch. Und dann konnte ich in die ganze Welt fliegen. Zu einer Zeit, wo es noch keinen Massentourismus gab, keine Charterflüge, bin ich schon in der ganzen Welt geflogen. Ich konnte es gar nicht erwarten. Ich war auf allen fünf Kontinenten und habe mich auch für alles interessiert. Für Kultur und für alles. Es war echt stark."

In einer schweren Krise, in der er meint, „durch einen Unfall für immer entstellt zu bleiben", heiratet er. Gregor drückt das so aus, dass er „geheiratet wird" und seine Frau „eine Schwäche ausgenutzt hat". In der Ehe erscheint ihm der größte Vorteil, dass „immer alles aufgeräumt ist und es schönes Essen gab". Nach fünf Jahren siegt sein Freiheitsdrang.

Gregors Trennung und sein Wunsch, alleine zu leben, ist eine von ihm bewusst gewollte Entscheidung, auf die er sich in Ruhe vorbereiten konnte. Er hat die Erfahrung gemacht, dass die Ehe nicht die richtige Lebensform für ihn ist. Eine Ehe lässt ihn wieder die Unfreiheit seiner Kindheit in Wien erleben. Er hat sich in Beruf und Partnerschaft von allen Zwängen befreit, die ihn in seiner Selbstentfaltung hinderten.

Alleine leben

Gregor gefällt es nicht mehr, verheiratet zu sein. „Ich brauche meine Freiheit", meint er. Nach der Scheidung, der Sohn bleibt bei der Mutter, zieht Gregor alleine in ein Appartementhaus der Lufthansa.

Für Gregor ist ein Single „jemand, der alleine und unabhängig leben kann und der kontaktfreudig ist". Er erklärt mir, warum er sich für den „typischen Single" hält. „Ich war ein Einzelkind und das hat auch damit was zu tun. Weil man nie auf wen Rücksicht nehmen muss. Da bin ich sehr ichbezogen. So wie der Falko zum Beispiel. Der hat doch das Lied gesungen ,Ich bin doch nur ein Egoist, die ganze Welt dreht sich um mich'. Ich war auch am Grab von Falko, obwohl der mit Drogen und Alkohol vollgefüllt gegen einen LKW gerast ist. So ein Typ ist das. Ich kann solche Leute verstehen. Auch den Rex Gildo. Ich meine, Selbstmord wäre nicht meine Sache und so sowieso nicht. Alt zu werden ist auch schwierig für so Sonnyboys." Alt zu werden, krank zu sein, ist während des Interviews immer wieder ein wichtiges Thema für Gregor.

Seit kurzer Zeit ist Gregor im Ruhestand. Er hat sich einen neuen Aufgabenbereich gesucht. Er arbeitet als Statist beim Fernsehen und bei Werbeaufnahmen. „Ich habe meine Telefonnummer bei allen namhaften Agenturen hinterlegt. Bei der Arbeit bin ich konzentriert, zuverlässig und pünktlich. Das gibt mir die Sicherheit, mich nicht gehen zu lassen." Gregor zeigt mir sein liebstes Bild. „Bei dem Film ,History' bin ich als Flugkapitän in einer simulierten Flugzeugkabine abgebildet." Gregor liebt die Selbstdarstellung in jeder Form, sei es auf einem Bild, in einer Unterhaltung oder beim Interview.

Vorbilder

Gregor hat Vorbilder, u. a. Falko, das „entfant terrible" der österreichischen Schlagerszene. Er weckt mit seinen Liedern Protest gegen die Gesellschaft. Outet sich als Egoist, schlüpft in seinem Song „Jeanny" in die Rolle des Frauenmörders. Falko ist einer, der alles das tut, was der „Spießer" nicht tun darf, ohne zum Außenseiter zu werden. Das macht ihn zur „Kultfigur", das heißt, er wird für seine Haltung bewundert und bleibt für seine Fans auch über den Tod hinaus ein Idol. Alt zu werden, nicht mehr attraktiv zu sein, ist die größte Angst des Narzissten. Rex Gildo, der alternde deutsche Schlager-star, der noch mit 60 Jahren jugendlich wirken wollte und sich aus dem Fenster stürzte, mit ihm fühlt sich Gregor verbunden. Gregor möchte ju-gendlich wirken, attraktiv bleiben und keine Schwächen zeigen. Schwäche lässt Gregor nur zu Hause alleine auf seiner Couch zu.

Lebensziele, Kochen und Essen

Für Gregor ist es wichtig, sich körperlich und geistig fit zu halten und sich Ziele zu setzen. „Jetzt beginnt der dritte Lebensabschnitt", lacht er. „Finde ich gut. Und das ist meine höchste Prämisse: gesund zu bleiben. Fit und geistig auch. Und darum mache ich auch solche Sachen wie zum Beispiel Quizsendungen. Die erste habe ich gewonnen, die zweite beinahe und die dritte dann eben nicht. Das war ,Risiko', dann ,Jeder gegen jeden' habe ich gemacht und ,Knack die Nuss'. Das ist schon länger her. Und dann hole ich mir ein Wissensgebiet und lese mich da ein. Sonst lese ich nämlich gar nix. Wenn ich nicht irgendwie ein Ziel habe, weißt du. Man muss sich Ziele set-zen, das ist wichtig."
Zusätzlich belegt er einen Kurs bei der Volkshochschule, wie man den Übergang von der Berufstätigkeit zum Rentenalter meistert. Beim Durch-blättern des Veranstaltungsprogramms ist Gregor auf das „Kochen für Singles" gestoßen. „Dabei hat mich vor allem der ,Single' angesprochen. Ich hoffe auf neue Bekannte, mit denen ich etwas zusammen unternehmen kann. Dabei auch noch kochen zu lernen, ist ein nettes Beiwerk, aber für mich nur vordergründig wichtig. Ich kann es mir nicht vorstellen, für mich selbst größere Menüs zu kochen und gehe lieber in Lokale zum Essen." Manchmal bereitet er sich in seiner „Kitchenette" einen Salat oder eine Piz-za zu, die er dann vorm Fernseher zu sich nimmt.

Gregor erzählt mir, wie er seinen Tag strukturiert. Er mag nicht gerne alleine essen und braucht die Gesellschaft anderer. „Morgens trinke ich nur einen Kaffee. Du, ich habe was Neues und zwar das Zwei-Mark-Frühstück bei Wertkauf. Das ist ja die Krönung. Da gibt es einen Pott Kaffee und dann gibt es ein Ei, ein gekochtes Ei, Butter, Marmelade und zwei Brötchen. Für zwei Mark. Das kann man selbst nicht herstellen. Und dann bin ich unter Leuten. Das ist für mich das Wichtigste. Ich bin und esse nicht gerne alleine. Das ist für mich auch im Urlaub ganz schlimm, wenn ich irgendwo hin muss und alleine essen. Vor allem abends. Das ist für mich ganz schlimm, wenn ich mich beim Essen nicht unterhalten kann. Also zu Hause spielt es keine Rolle, aber im Restaurant, das ist saublöd. Ich brauche die Unterhaltung beim Essen."

Soziales und kulturelles Kapital nutzen

Obwohl Gregor aufgrund seiner beruflichen Position finanziell gut abgesichert ist, bevorzugt er weder Loft noch Villa. Sein soziales Kapital ist ihm wichtiger. Er nutzt seine weltweiten Verbindungen innerhalb der Luftfahrt, darüber gibt es wieder Querverbindungen zur Filmwelt, auf die er stolz ist. Er hat mit „Hannelore Elsner gedreht", demnächst ist er „bei Klinik unter Palmen mit Wussow" zu sehen. Kleine Statistenrollen, die ihm aber den „Wunsch nach individueller Freiheit" gestatten. Sie verschaffen ihm die sozialen Netze, die er für sein Wohlbefinden braucht, denn man kennt und anerkennt sich untereinander und „es ist ein Prestige, mit den Großen dieser Welt auf Du und Du zu sein", sagt Gregor. Bildung ist ein weiteres Kapital, das Gregor sich durch die Konzentration auf „Spezialgebiete" angeeignet hat. Er liest Fachbücher, sein antrainiertes Wissen gibt er in Quizsendungen wieder. Gerne möchte er beim „Kochduell" bei SAT 1 teilnehmen. Dazu hat er unter anderem den Kochkurs besucht.

Selbstreflexion

Gregor braucht „Ziele", die seinen Tag strukturieren und dem „Leben einen Sinn geben". Lesen und Bildung machen für Gregor aber nur dann einen Sinn, wenn er damit Geld oder Anerkennung erzielen kann. Ein Buch aus Eigeninteresse zu lesen, gelingt ihm nicht. Er erzählt mir, dass sich Phasen der Ruhe und der Anspannung bei ihm ständig abwechseln. Einesteils mag er gerne Leute um sich haben, andererseits werden sie ihm aber auch wieder schnell langweilig. Er liebt die Abwechslung. Er mag keine Leute, die sehr beständig sind, weiß aber auch, dass sie ihm gut tun, weil er selber ruhelos ist. „Und wenn ich keine Diskussionen habe und keine Aufgaben, dann stumpfe ich so richtig ab. Dann kann ich natürlich auch entspannen. Nur in der Sonne liegen und nichts denken oder autogenes Training. Ich bin so ein totaler Powertyp, und dann kommen so Schwächen, dann lege ich mich auf die Couch und bin weg. So richtig, wie nennt man das, ja, Schwächen. Entweder oben oder unten, aber nie so gleichmäßig. Die Leute sind mir auch zu langweilig, die immer gleich sind. Obwohl das natürlich günstig für mich ist, das ist der Ruhepol für mich."

Jens: „Ich bin glücklich, weil ich unabhängig bin."

Jens wohnt in einer ruhigen Nebenstraße in Langen. Die Stadt ist zwanzig Kilometer von Frankfurt entfernt. Der Wohnort spielt für Jens keine große Rolle, Hauptsache er ist nahe beim Flughafen. Er hat eine große Maisonettewohnung in einem vierstöckigen Wohnhaus gekauft.

Wohnungsbesichtigung

Die Farbe gelb dominiert die zwei Wohnetagen, die durch eine Wendeltreppe miteinander verbunden sind. Gelbe Decken und gelber Teppichboden lassen die Räume sonnendurchflutet und großzügig erscheinen. Im unteren Wohnbereich empfängt mich eine selbst geschreinerte Donald Duck Figur. Ein gelbes Sofa und ein Kiefernholztisch mit vier Stühlen sind die einzigen Einrichtungsgegenstände. Die Wand zur Küche ist herausgenommen worden, um die Weite des Raumes noch zu unterstreichen. Eine weiße Einbauküche gestaltet den Raum funktional. Über die Wendeltreppe aus Holz gelange ich ins Obergeschoss. Dort gibt es zahlreiche Bücher und CDs auf Holzregalen neben einer Hightechanlage und einem modernen Weichholzschreibtisch. Vier Gitarren lehnen an der Wand. Jens hat nur Schwarz-Weiß-Bilder und erklärt: „Sie haben für mich den Effekt, dass ich mir selber Farben reinmalen kann. Diese Farben entsprechen bestimmten Stimmungen. Das spielt sich alles in meinem Kopf ab."

Gegenwärtige Lebenssituation

Kühle, Ästhetisierung, Klarheit und Nüchternheit möchte Jens durch seine Bilder und seinen Wohnstil präsentieren und zelebrieren. Er negiert das Praktische, die „Notwendigkeit des Putzens", wählt einen hellen Teppichboden und leistet sich eine Putzfrau. Sein Wohnstil ist einesteils ein Bekenntnis zur Moderne, andererseits ein Ablehnen von demonstrativer Gemütlichkeit und Dekoration. Jens pendelt „berufsbedingt" zwischen Athen und Frankfurt. Seine Wohnungen gleichen sich, zwei Ebenen, wenig Mobiliar, viel gelbe Farbe, Raum für seine Gitarren. Er bezeichnet sie als „Zentren wo ich mich sammeln kann". Die Wohnung in Athen teilt er mit einem Kollegen und dessen Freundin.

Herkunft, Essen und Kochen

Jens ist in Berlin geboren und hat eine drei Jahre jüngere Schwester. Sein Vater ist landwirtschaftlicher Berater und Diplomingenieur, seine Mutter hat mit vierzig Jahren, nach der Geburt der Kinder, aufgehört zu arbeiten. Als Jens vier Jahre alt ist, zieht die Familie in ein Haus nach Osnabrück. Dort ist Jens zur Schule gegangen. Jens erzählt mir von seiner Kindheit: „Bei uns ging es sehr streng zu. Um sieben wurde Abend gegessen. Nach der Schule um eins wurde Mittag gegessen. Meine Mutter war immer zu Hause, und es war alles sehr gut organisiert. Mein Vater war sehr cholerisch, und er hat oft über die Qualität des Essens etwas angemerkt. Meine Mutter hat regelmäßig warm gekocht. Sehr variationsreich. Das hat sie für sich getan, um uns Kindern etwas zu geben. Das war auch das einzige, was sie getan hat, um uns etwas zu geben. ... Wir waren viel draußen und der Urlaub war wichtig. Aber nicht mit dem Flieger nach Mallorca, sondern sechs Wochen zum Nordkap mit dem Auto."

Jens empfindet seine Eltern als sehr lieblos, obgleich es ihm nach ihren Vorstellungen an nichts fehlt. Für die Mutter bedeutet „versorgen" und „nicht berufstätig sein", alles für die Kinder tun. Der Vater ist streng und verlangt Regelmäßigkeit in allen Belangen. Die Kinder werden im Gefühl der Exklusivität erzogen. Man fährt nicht dahin, wo alle hinfahren und übt sich in Askese durch sportliche Ertüchtigung und Mäßigung. Auch der Urlaub am Nordkap wird zur „Exklusivveranstaltung". Guter Ton und Tischmanieren sind wesentlicher Bestandteil der Erziehung. Fernsehen ist verpönt, statt dessen gibt es Einladungen zu den Nachbarn und viele Spiele „draußen" an der frischen Luft. Jens kann die Atmosphäre im Elternhaus nicht mehr ertragen. Er zieht zu seiner Großmutter nach Berlin und studiert dort Flugzeugbau.

Bei der Großmutter versucht Jens für sich alleine zu kochen. Er erzählt: „Ich habe gemerkt, dass ich nicht alleine essen kann. Auch heute noch gehe ich nie alleine essen. Das hat was mit Zeremonie zu tun, da möchte ich nicht alleine für mich etwas in mich hineinstopfen. Ich esse dann, wenn ich mich mit anderen Leuten treffe. Alleine esse ich nichts, das macht mir keinen Spaß. Essen, um mich zu ernähren, ist mir zu wenig. Ich will essen und reden."

Neue Verhaltensmuster und soziale Aktivitäten

Jens fühlt sich sehr wohl in Berlin, gewinnt neue Freunde, konzentriert sich nach einer schweren Sportverletzung auf sein Studium. „Berlin ist meine Heimat. Heute noch. Weggehen von Berlin bedeutet für mich, weggehen von zu Hause. Ich bin ein Nachtmensch, das kann man gut ausleben. Berlin ist ein Schmelztiegel von vielen Leuten, die ein anderes Leben suchen. Das ist dort ausgeprägter als woanders. Da gibt es viele Leute, die nicht durchgeknallt, sondern einfach anders sind. Ich mag keinen Klammerungseffekt, wo Leute sich eine schöne Wohnung nehmen und sich schöne Sachen kaufen. In meinen Erfahrungen liegt, dass es nirgendwo so viele Leute gibt, die zwar alleine sind, aber dafür lassen oder tun können, was sie wollen. Berlin ist durch die Tatsache, dass es keine Sperrstunde gibt und ein gut ausgebautes Verkehrsnetz, ein guter Nährboden dafür."

Von den Berliner Zeiten direkt nach der Maueröffnung weiß Jens viel zu berichten. Er beschreibt, welchem Milieu er sich zugehörig fühlte und sagt, dass dies auch heute noch Gültigkeit habe: „Da waren Leute, die sich kannten, und durch die habe ich wieder andere kennen gelernt. Das waren alles Leute, und so ist das heute noch, die alleine gelebt haben. Sie kamen aus Familien, wo die Eltern geschieden waren. ... Über Unglück reden verbindet. Über Freiheit, Unabhängigkeit und Glück zu reden, das verbindet. Das ist ein eigenes Milieu. Das ist ein eigener Menschenschlag, der keinen Konventionen unterliegt und sich immer wieder selbst in Frage stellt."

Jens lebt in Berlin vorübergehend in einer WG, in der er sich nicht einpassen will. „In einer Wohngemeinschaft, wo es ein Lotterleben gibt, da bin ich nicht der Typ für. Ich bin sehr ehrgeizig, weil ich mit meiner Zeit sehr sorgfältig umgehe. Die Wohngemeinschaft, die hat mich beengt. Das Rücksichtnehmen aufeinander. Und das nicht in meinem Tempo, wie ich mir das vorstelle. Da merke ich, dass mich das einschränkt. Die Auseinandersetzungen bringen mich nicht weiter, ich löse damit nur ein Problem. Ich nehme dann lieber den leichten Weg, gehe weg und mache was anderes."

In seiner heutigen WG in Athen klappt das Zusammenleben besser. Sein Kollege Karsten und Jens haben ein gemeinsames berufliches Ziel, gleiche ökonomische, kulturelle und soziale Voraussetzungen und gleiche Interessen und Ideen. „Wir sind sowieso eine Gemeinschaft, schon wegen der Arbeit. Das Risiko, einen Menschen zu verlieren, das Gefühl von Geborgenheit zu verlieren, wenn man wenige Leute hat, mit denen man sehr viel austauscht, ist sehr viel höher."

Durch sein Studium bekommt Jens Zugang zur Projektarbeit am Flughafen. Er lernt andere Menschen in fernen Ländern kennen und erfährt einen neuen Blickwinkel seiner Sicht der Welt. Ihm wird klar, was Freiheit bedeutet: „individuelles Glück, das Gleichdenkende miteinander verbindet". Das erste Projekt ist Mailand, dann folgt Shanghai. Er schwärmt von seiner 200 qm großen Wohnung, von den Stunden des Alleinseins in einem fremden Land und dem Gefühl der Freiheit, das für ihn so wichtig ist.

Jens bleibt sieben Monate in Shanghai. Er trifft sich alle zwei Monate mit seiner deutschen Freundin, dann beendet er die Beziehung. „Freundschaften kann man unabhängig von Zeit und Raum leben. Das gilt auch für Beziehungen. Wenn es auf ein Minimum reduziert ist, nur noch da ist, weil es sowieso da ist, und bei dem, was wir miteinander entwickelt haben oder uns entwickelt haben, da war es so, dass es auseinander gegangen ist. Die Beziehung ist auseinander, nicht die Liebe. Die Beziehung hat der Liebe im Weg gestanden. Seitdem die Beziehung nicht mehr da ist, gibt es kein ‚Muss' mehr. Sobald ich in traditionelle Zwänge gerate, fühle ich mich unwohl."

Vorbilder

Er erzählt mir von seinen Vorbildern, zu denen auch sein Vater gehört, „weil er mit fünfzig Jahren zwanzig Wochen mit dem Fahrrad durch Frankreich gefahren ist". Jens meint, dass sein Vater ein Leben lang die falschen Leute getroffen hat, „das hat ihm das Genick gebrochen". Gedankliche Zwiesprache hält Jens mit dem Musiker Neill Young. „Er hat mit wenig, manche Leute sagen, der kann überhaupt nicht singen, hat er sehr viel erreicht. Der Vater ist weggelaufen, er ist bei der Mutter aufgewachsen. Was mich fasziniert bei seinen Shows ist, dass das Licht immer von hinten kommt, so dass sein Gesicht immer dunkel ist. Das hat für mich die Motivation, meine Dinge für mich zu behalten, trotzdem zu leben. Ich erzähle bestimmte Dinge nicht, die behalte ich für mich. Fritz Teufel ist auch ein Vorbild. Menschen, die versucht haben, Konventionen ad absurdum zu führen. Das ist auch mein Stil, bestimmte Sachen ad absurdum zu führen."

Formulierte Werthaltungen

Jens sieht sich selbst in einer Vorbildfunktion. Seine Idee ist, Glücksgefühle bei anderen Menschen zu fördern. Diese Idee hat er aus dem Buddhismus übernommen. Farben spielen eine große Rolle in seinem Leben, vor allem gelb. Licht, Sonne, Weite braucht er für sein persönliches Glücksgefühl. Musik ist für ihn ein Medium, das ihn mit anderen Menschen verbindet. Jens sucht sich Vorbilder in Menschen, die unabhängig sind und ihren eigenen Weg gehen. Persönliches Engagement und Individualität sind ihm sehr bedeutend. „Das sind alles Leute, die alleine leben. Sie gestalten und orga-

98

nisieren ihr Leben alleine. Nicht ohne Rücksicht, ich nehme auch sehr viel Rücksicht, ich habe auch ein starkes Bedürfnis nach Geborgenheit, aber ich kann auch Geborgenheit empfinden, wenn ich nicht 24 Stunden an der gleichen Stelle mit der gleichen Person bin. Man kann bestimmte Lebensgefühle nicht empfinden, wenn man nur oberflächlich durch die ganze Welt saust. Ich möchte eine feste Beziehung, ich glaube an die Werte in einer festen Beziehung: Geborgenheit, Ehrlichkeit, nicht verraten zu werden, nicht in den Rücken gefallen zu werden, das gibt mir Ruhe, um andere Dinge zu tun, um nicht alleine dazustehen, um nicht verlassen zu werden. Das kommt aus meinen Kindheitsgefühlen.“

Alleine leben

Auch Jens konfrontiere ich mit der These: „Der Single ist nichts und niemandem verpflichtet außer seinem eigenen Lebensstil.“ Er wirkt fast ein bisschen verärgert: „Das halte ich für sehr ignorant. Ich fühle mich stark verpflichtet zu anderen Menschen. Und anderen Menschen etwas Gutes zu tun, daraus ziehe ich selber Kraft. Ich kann aber nur Kraft geben, wenn ich selber Kraft habe. Ich leite viel aus der Sonne ab, Religionen und Lebensregeln leiten viel ab aus der Sonne, die jeden Tag stirbt, aber doch immer wieder da ist. Ich bin Teil der Natur und muss das akzeptieren. Diese Natur kann nur überleben, wenn sie zerstört und wieder herstellt. Das gilt für mich und uns alle. Ich muss als Single etwas tun, sonst werde ich einsam. Single kann nicht nur ein Titel dafür sein, dass man sich fürchterlich einsam und verlassen fühlt. Durch wen auch immer. Da steckt viel Wahrheit drin, insofern dass das Alleinsein sehr viel Freiraum schafft, um sich selber zu entwickeln. Aber deshalb darf ich nicht Egoismus daraus ableiten.“
Alleinleben bedeutet für Jens, „nicht den üblichen Weg gehen“. Jens versteht sich nicht als Egoisten, sondern als Freiheitsliebenden. Ich spreche ihn darauf an, dass sein momentaner Lebensstil daran gebunden ist, nicht verheiratet zu sein, keinen festen Partner zu haben, keine Kinder zu haben und nur für sich selber verantwortlich zu sein. Seine sehr bestimmt vorgetragene Antwort lautet: „Ich will Single bleiben, im Sinne von mich bewegen können, von Freiheit. Ich glaube, dass sich das mit Partnerschaft und Kindern vereinbaren lässt, wenn ein Kind in der Schule ist oder so, wobei es auch Möglichkeiten gibt, das Kind immer dabei zu haben. Das Allerletzte ist, die Frau als Hausfrau zu Hause sitzen zu lassen. Es muss sich eine Zweisamkeit entwickeln, wo man Dinge miteinander bespricht oder tut, die man nicht alleine tut. ... Das heißt aber für mich nicht, dass das abhängig ist von Zeit und Raum. Ich kann das auch erleben, wenn man nicht am gleichen Ort ist. Wenn man sich immer wieder vornimmt, dass man sich trifft. Das man

nicht miteinander ist, weil es eben so ist, sondern dass man das Organisieren auch als Herausforderung sieht. ... Was ich denke und was mich auch sehr gut beschreibt, das ist ein Buch, und nach dem lebe ich auch, das ist ‚Die Möwe Jonathan‘. Dieses Buch ist immer in meiner Tasche drin, und da stehen sehr viele Dinge drin, die ich auch in meinem Leben umsetze. Wer das Buch liest, der bekommt vermittelt, was das Singlesein ist.“

Alltagsgestaltung

Ich frage Jens nach seinem Alltag und erfahre: „Ich fliege sehr viel, bin nie länger als drei Tage an einem Ort. Das ist sehr anstrengend, fordert aber auch heraus, es sich nicht zu bequem zu machen und zu denken. Gefordert werden ist ein wichtiges Element der Zweisamkeit, ein wichtiges Bindeglied. Nicht nur für Partnerschaft, sondern auch für Freundschaft. Gefordert meine ich in geistiger Hinsicht. Bildung ist ganz, ganz wichtig. Mein Glücksgefühl kommt daher, dass ich wirtschaftlich unabhängig bin und die Fähigkeit habe, mit anderen Menschen kontrovers zu sprechen und sie auch zu provozieren. ... Ich bin grundsätzlich mit Leuten zusammen, die älter sind. Das interessiert mich mehr, weil die mich weiter bringen. Die leben den gleichen Lebensstil wie ich. Sie sind zwar ortsgebunden, aber sie fordern sich tagtäglich neu und sagen, das war ein geglückter Tag. Davon sind sie geleitet. Ich möchte viele unterschiedliche Weltanschauungen kennen lernen und verstehen.“

Jens möchte täglich Neues kennen lernen, andere Meinungen hören, von den Erfahrungen Älterer profitieren. Dabei schätzt er Menschen, die den gleichen Lebensstil wie er leben: nach Glück suchen, sich kontrovers auseinander setzen.

Lebensplan

Auf die Frage nach seinem Lebensplan antwortet er sehr engagiert: „Ich möchte aus den Konventionen herauskommen, die mir im Moment wirtschaftliche Unabhängigkeit garantieren. Mein Ziel ist, mich weiterzuentwickeln und die Dinge, die ich gelernt habe, weiterzugeben. Ich möchte alle Städte noch mal besuchen, in denen ich gewesen bin, und neue Städte kennen lernen. Was ich ausbauen möchte, ist die Musikgeschichte. Gitarre spielen. Ich will neue Sachen ausprobieren für mich. In Berlin in einem Hinterhof möchte ich ein Büro haben, in dem ich meine Erfahrungen weitergeben kann. Das werde ich definitiv machen, das ist immer präsent. Mit Leuten, denen ich etwas bedeute und die mir etwas bedeuten, etwas zusammen zu tun. Eine Kommune aufzumachen und Wege zu suchen, wie man Erfahrungen wiedergibt, Erfahrungen fürs Leben aufzuzeigen, Freude zu zeigen. Ich möchte beweisen, dass man dazu keine Ausbildung braucht, sondern selber Bücher lesen muss, Autodidakt sein. Das hat auch was mit Singlesein zu tun, alleine zu sein, in sich zu sein. Wenn die Definition ein mit sich selber Beschäftigen ist, das Leben in der Welt in sich und mit anderen zu verbessern, dann ist das eine Definition, mit der ich leben kann. Single nur auf eine Beziehung angewendet, das ist es nicht."

Jens hat Ideale, die darin gipfeln, Freude zu vermitteln. Seine Lebensmaxime ist, dass jeder etwas erreichen kann, der für sich selber nach Bildung strebt, die über die schulische Bildung hinausreicht. Mit sich selber etwas anfangen können und im Kreis von Gleichgesinnten die Welt verbessern, sind Ziele, die ihm lohnend erscheinen. Er lebt bewusst, trinkt und raucht nicht. Er will auch „ohne Alkohol traurige Stunden meistern können". Dabei begegnen ihm Vorurteile von anderen, die ihn für einen „Spielverderber" halten. Sein Wunsch ist es nicht, als Außenseiter zu erscheinen, sondern sich selbst zu beweisen, dass durch die Konzentration nach innen die gleichen Glücksgefühle entstehen können, wie sie der Alkohol kurzfristig bewirkt.

Für Jens ist es ein Lebensziel, sein Wissen und Können den Menschen weiter zu geben, die nicht die gleichen Bedingungen und Chancen wie er selbst haben. Er möchte das vorhandene Wissen seiner Mitarbeiter in der Firma aufwerten und ihnen ihre eigene Kompetenz bewusst machen, denn dieses Wissen ist für ihn genauso relevant, wie das durch ein Studium erworbene. Jens drückt das so aus: „Ich will Plausibilitätsstrukturen durchbrechen, aufzeigen, dass auch das durch soziale Zwänge vorstrukturierte Alltagsbewusstsein anschlussfähig sein kann."

Selbstreflexion

Für Jens gibt es im Leben noch mehr als den greifbaren Erfolg. Er findet Befriedigung in einer Sache, von der er überzeugt ist, auch wenn er sich damit gegen die Welt stellt. Damit wird er, genau wie die Möwe Jonathan, frei für das Abenteuer der Persönlichkeit. Auf dem Flughafen erkennt er Menschen gleichen Stils „an der Sicherheit, mit der sie einchecken". Kosmopolit, Überflieger, Freidenker, so will Jens verstanden werden.

Jens reflektiert lange darüber, was die Menschen für Gemeinsamkeiten haben, zu denen er sich zugehörig fühlt. „Wenn ich so überlege. Das Thema ‚Milieu'. Das beschreibt, wie die Menschen leben, in welchen Zuständen sie leben. Ich glaube, dass es ein Milieu gibt, wo ich mich wohlfühle." Er beschreibt mir, dass er sich den Menschen zugehörig fühlt, die „wenig Anspruch auf materielle Dinge haben, die aus dem Koffer leben, sich nicht binden wollen. Dazu gehören Menschen, die viel gereist sind und Geschichten gehört haben, die sie dann weitergeben, Bücher gelesen haben, in denen Lebensweisheiten stehen, über die ich mich unterhalten kann. Sie tun alle die gleichen körperlichen Dinge, sie segeln und surfen, gehen mit Booten um und spielen ein Instrument. Viele dieser Menschen haben mit der Revolution zu tun. Sie haben alle Ideale, so wie Fritz Teufel oder Che Guevara. Aus dem Wohlstand ausgebrochen und dann in die Revolution gegangen. Die sind auch oftmals enttäuscht davon, weil der wirkliche Gedanke davon nicht ist, andere Leute an die Wand zu stellen, sondern im Friedlichen das umzusetzen."

Jens bezeichnet sich selbst als „glücklich". Er macht mich auf einen Artikel in der *Frankfurter Rundschau* aufmerksam, in dem „moderne Glücksforscher" die Gemeinsamkeiten von Menschen ermittelten, die sich glücklich schätzen. „Sie haben ein Lebensziel, packen Probleme schnell an, nehmen eigene Fehler in Kauf und sind dankbar für die erfreulichen Dinge des Lebens" (Menne, Strack 2000).

Exklusivität ist ein Anspruch, den Jens durch seine Erziehung erworben hat. Heute stellt er ihn an sich selbst und an die Menschen, die ihm nahe stehen. Dazu gehört für ihn die Fähigkeit zur Selbstreflektion und das Bedürfnis, nur die Dinge zu tun, hinter denen er auch stehen kann. Dies gilt im Bereich der Partnerschaft wie in allen anderen Bereichen. Ein „Muss", um der Einsamkeit zu entgehen, kann Jens nicht akzeptieren. Für Jens bedeutet das Alleinsein nicht wie bei Jörg und Isabell „einsam" zu sein, sondern tun und lassen zu können, was er will. Positive Erfahrungen hat er mit den Singles in Berlin gemacht, dort liegt für ihn auch die Zukunft. Jens hat durch seine Reisen und das Lesen von Büchern seine Erfahrungen erweitert. Sein Umfeld sind Menschen, die durch „die gleiche moralische Grundhaltung und die Freiwilligkeit" geprägt sind.

Vergleichbare Denk- und Handlungsmuster

Das Erkenntnisinteresse einer Kulturanthropologin richtet sich nicht wie beim Psychoanalytiker auf das Individuum und dessen Ich-Identität, sondern darauf wie sich die Gesprächspartner als Mitglieder einer Kultur identifizieren lassen. Mich interessiert ihre kulturelle oder ethnische Identität. Mit der kulturellen Identität der Singles ist nicht individuelle Identitätsbildung gemeint, sondern eine „Gruppenidentität", die durch vergleichbare Denk- und Handlungsmuster zum Ausdruck gebracht wird. Die Analyse sucht nach Gemeinsamkeiten und Unterschieden, die sich daraus ergeben, wie Singles sich in ihrer sozialen und räumlichen Umwelt und in ihrer privaten, eigenen Welt verhalten. Wesentliches Charakteristikum ist dabei die

Polarität zwischen „drinnen" und „draußen", als Bereiche, in denen sich spezifische kulturelle Praktiken zeigen.

Drinnen

„Drinnen" meint die Wohnungswahl, die Gestaltung der Wohnung, die häuslichen Aktivitäten, das Selbsterleben des Singles.

Die Wohnungswahl

Einen Unterschied zum Paarhaushalt sehen Singles darin, dass bei der Wohnungswahl den besonderen ökonomischen und organisatorischen Bedingungen des Alleinlebens Rechnung getragen werden muss. Darüber hinaus wird „Wohnen auf dem Land" oder „Leben in der Stadt" mit individuellen Wertungen verbunden.

Eine günstige Verkehrsanbindung ist für die befragten Singles wichtig, weil keiner von ihnen an seinem Wohnort arbeitet und jeder die Nähe zu Frankfurt schätzt. Der Wohnort muss zentral sein (Corinna), nah am Frankfurter Flughafen (Gregor, Jens), kostengünstig und ruhig (Gregor, Bert).

Günstiger Kaufpreis (Bert, Corinna) und niedrige Miete (Jörg, Gregor) bestimmen bei vier von sechs Singles die Wahl des Wohnortes; nicht freie Wahl, sondern ökonomische Bedingungen sind relevant. Soll die teure Stadtwohnung um jeden Preis beibehalten werden, muss mit einem Kompromiss wie Untervermietung gelebt werden (Isabell). Nur einem Respondenten ist es möglich, eine Eigentumswohnung unter dem Aspekt der „steuerlichen Vorteile" (Jens) zu erwerben.

„Wohnen auf dem Land" wird mit Aspekten wie „weniger Kriminalität als in der Stadt" (Gregor) und „Naherholungseffekt" (Bert) verknüpft. Für den vielreisenden Single (Gregor) spielt der Sicherheitsaspekt eine Rolle. Auf dem Land gibt es noch die Nachbarschaftshilfe. Nachbarn gießen Blumen und schauen nach der Wohnung, wenn der Besitzer abwesend ist. Sich in der Nähe zu erholen bedeutet, dass der Single nicht weit fahren muss, um im Grünen zu sein. Das impliziert aber auch, dass er seinen eigentlichen Lebensmittelpunkt entweder im Stadtleben oder Arbeitsleben sieht.

In der Großstadt zu leben wird mit Aspekten verbunden wie Anonymität, Leben ohne Kontrolle, keine Sperrstunde, gute Einkaufsmöglichkeiten, umfangreiches kulturelles Angebot, Ausgehen, ohne lange Fahrtzeiten einzukalkulieren, das städtische Verkehrsnetz nutzen (Jens).

Ein Zuhause schaffen

Die Wohnung hat für den Single eine ganz besondere Bedeutung. Sie wird zum Repräsentationsraum, zum ureigensten Raum, zum Ort der Geborgenheit, Rückzugsort, Ort der Erholung und Kreativität. Sie bietet Raum zur Selbstdarstellung, wird zum Ort der Besinnung und bietet Platz für Freizeitaktivitäten. Die Besonderheit der Singlewohnung liegt für meine Respondenten darin, dass sie Ausdruck einer individuellen Lebensweise und eines persönlichen Geschmacks ist.

Singles sind stolz auf eine individuell gestaltete Wohnung. Zum Merkmal der Individualität gehört für sie die Entfaltung der Kreativität. Sie zeigt sich, indem Regale und Bilderrahmen selbst entworfen und selbst gezimmert werden (Bert). Kreativität bedeutet basteln, gestalten, eigene Vorstellungen einzubringen, neue Gestaltungsideen zu kreieren (Isabell) und damit zu Dingen eine persönliche Beziehung aufzubauen (Corinna). Neues zu gestalten erfordert viel Zeit, die sich bei Singlefrauen oft erst durch die Loslösung von familiären Verpflichtungen ergeben hat.

Eine große Bedeutung kommt der Wandgestaltung zu, die auf ein weiteres Merkmal verweist: die Fantasie. Sie bedeutet das Vermögen, sich etwas in Gedanken auszumalen oder eine vorgestellte Welt für sich selbst zu erfinden. Singles wählen Poster, die für sie Traum, Spaßkultur und Medienwelt symbolisieren (Jörg). Der Verzicht auf Bilderrahmen bedeutet Entgrenzung, steht für Vorübergehendes, kann bedeuten, dass die finanziellen Mittel begrenzt sind. Es gibt keinen Raum für Überflüssiges. Dabei ist der Raum, im Gegensatz zum konkreten Ort, als fiktional definiert. Das minimalistische Prinzip wird durch die Beschränkung auf Schwarz-Weiß-Bilder (Jens) deutlich, die den Effekt haben, die Farben nach den jeweiligen Stimmungen in die Bilder hinein malen zu können. Schwarz-Weiß-Fotografien werden wie in einer Ausstellung präsentiert (Bert) und zeigen die Sicht der Welt des Singles. Die auf den Fotografien festgehaltenen Fenster und Türen erregen die Aufmerksamkeit des Betrachters, dem der Blick in eine andere Welt zwar verwehrt bleibt, die er sich aber in seiner Fantasie frei gestalten kann.

Bei der Wahl der Möbel geht es um die Kriterien „solide" und „wertbeständig" (Bert), „wertvoll" und „gediegen" (Isabell). Die Bevorzugung von „Vollholzmöbeln" lässt Rückschlüsse auf den Käufer zu. Beim Holz benötigt man zur Gewinnung und Verarbeitung wenig Energie. Holz ist ein gesunder Baustoff, unbehandelt ist er frei von Schadstoffen. Holz hat eine lange Lebensdauer, ist auch im Alter schön, ist ein stets verfügbarer Rohstoff, wächst vor unserer „Haustür". Holz kann farblich wiederholt behandelt und individuell angestrichen werden. Es vermittelt einen warmen Charakter. Holz zu wählen bedeutet Gesundheits- und Umweltbewusstsein zu zeigen,

Wärme und Behaglichkeit zu erzielen, Möglichkeiten für eine immer neue Gestaltung zu haben. Einzelstücke aus Holz, wie der „Frankfurter Schrank" (Isabell), gelten als Möbel, die ihren ideellen Wert behalten.

Möbel aus Glas und Metall erzeugen eine „luftige" Wirkung und stehen für „zeitlose Eleganz" (Isabell). Die „spartanische Einrichtung" (Jens), bei der nur einzelne Möbel im Designerstil gewählt werden und große Freiflächen entstehen, steht für Weite und Freiheit. Verstärkt wird diese Wirkung durch die gewählten Wand- und Bodenfarben. Gelb lässt die Räume lichtdurchflutet erscheinen und steht als Symbol für Sonne und Glück.

Die Singlewohnung wird zum „ureigensten Raum" (Jörg), der als Rückzugsort Gefühle wie Geborgenheit, aber auch Einsamkeit und Isolation vermittelt. Zum wichtigen Möbelstück wird das Bett. Das „Futon" (Jörg), eine mattenartige, japanische Matratze, bedeutet Abwendung vom gängigen Doppelbett und Zuwendung zu fremden Kulturen. Mit dem Bett als „Bürgerwiese" (Corinna) wird alternativer Flair und „Ruheort" verbunden.

Als Ort der Selbstdarstellung (Gregor) bietet die Single-Wohnung Platz für Dinge, die einen besonderen Bezug zum Besitzer haben. Festgehaltene Erinnerungen und Reiseandenken werden gerne auch Besuchern präsentiert, um die Bedeutung der eigenen Person zu betonen und um zu zeigen, was man sich alles leisten kann. Den Möbeln selbst wird wenig Bedeutung beigemessen. Kaufkriterien sind „preiswert" und „zweckmäßig".

Singles als „Vielreisende" (Gregor, Jens) sehen ihre Wohnung als Anlaufadresse. Irgendwo in der Welt muss es einen Platz geben, an den sie immer wieder zurückkehren können und den sie unverändert vorfinden. Die Wohnung wird dann zum Ort des Rückzugs auf sich selbst, Ort der individuellen Freiheit. Zur individuellen Freiheit gehört das ungestörte Ausüben von Hobbys wie Gitarre spielen (Jens). Musik schafft eine klangvolle, inspirierende, beruhigende Atmosphäre als Ausgleich zur hektischen Außenwelt.

Garten oder Balkon sind für Singles Orte der Entspannung und des Ausgleichs zur Arbeitswelt. Als „Verbindung zur Außenwelt" (Gregor) und als „Veranstaltungsorte" (Corinna) dienen sie der sozialen Kontaktpflege.

Im Gegensatz zur übrigen Wohnung dominiert in der Küche Funktionalität. Die Einbauküche, ein kleiner Tisch mit dem passenden Stuhl, machen das typische Mobiliar des Singles aus. Dekorationen haben einen persönlichen Bezug wie Fotografien (Bert) oder Selbstgebasteltes (Corinna).

Häusliche Aktivitäten

Eine Schlüsselrolle im Leben von Menschen, die ohne Partner durchs Leben gehen, spielt das geschriebene Wort. Lesen ist eine kulturelle Praktik, die einen zentralen Platz einnimmt. Das Buch wird zum Werkzeug der Selbstreflexion, Bestätigung, Identifizierung, Abgrenzung.

Lebenshunger, Freiheitsbedürfnis und Liebessehnsüchte werden durch die Identifizierung mit den Protagonisten in Büchern gestillt. Es geht um Gefühle, die durch Romanautoren zum Ausdruck gebracht und in der Stille der eigenen vier Wände nachvollzogen werden. Genannt wird von den befragten Singles beispielsweise „Der kleine Prinz" von Antoine de Saint-Exupéry, dem französischen Adligen, der nur 44 Jahre alt war, als er bei einem Aufklärungsflug über dem Mittelmeer starb. In seinen Erzählungen und Schriften ist das Fliegen, von ihm als „kosmische Einsamkeit" verstanden, ein zentraler Punkt. Saint-Exupérys Aussage (1979, U2), „dem Menschen von heute einen Halt, seinem Leben wieder Sinn und Richtung zu geben", hat besonders für einen Single, der „alleine im Ausland auf sich gestellt ist" (Jens) eine große Bedeutung. Auch das zweite gewählte Buch, „Die Möwe Jonathan" (Richard Bach 1987) verweist auf die Probleme eines Einzelkämpfers. Jonathan fragt sich immer wieder, warum es zu den schwierigsten Dingen auf der Welt gehört, einen Vogel davon zu überzeugen, dass er frei ist, und dass er diese Freiheit auch selbst erproben kann. Er lernt alleine zu fliegen und wird zum Lehrer und Vorbild für Gleichgesinnte. Lesen bedeutet Antworten auf die Fragen der Identität eines Subjekts zu erhalten, das solo durchs Leben geht.

Eine weitere Schlüsselrolle nehmen für Singles Telefon und Internet ein. Sie sind Bindeglieder zwischen drinnen und draußen. Lange Telefongespräche mit Freunden dienen dem gedanklichen Austausch und der Mitteilung der inneren Befindlichkeit. Der Umgang mit dem Internet ist dazu bestimmt, die Welt ins Haus zu holen. Der Chat ersetzt den persönlichen Flirt, Informationen und Weiterbildung vergrößern den häuslichen Aktionsradius. Seit der Erfindung des Internets hat zudem das passive Warten auf einen potentiellen telefonischen Ansprechpartner ein Ende. Die Stille, die spürbar wird, weil das Telefon stumm bleibt, kann durch aktives Surfen unterbrochen werden. Telefonieren und Surfen dienen auch als Kompensation der als einsam empfundenen Mahlzeiten.

Auch der Fernseher wird zum passiven Partner des Singles. Vor ihm wird die kleine Single-Mahlzeit ausgebreitet. Statt kulinarischer Köstlichkeiten, die dem gemeinsamen Essen mit Freunden vorbehalten sind, gibt es unkomplizierte Kleinigkeiten wie „Schafskäse und Tomaten" (Corinna). Sie werden in der Küche auf einen Teller geladen und im Wohnzimmer nebenbei verspeist. Kochen ist zu aufwändig, Tischdecken zu mühsam. Es wird darauf Wert gelegt, dass die meist von unterwegs mitgebrachten Speisen natürlich und kalorienarm sind.

106

Essen

Die Essensthematik knüpft an eine spezifische Single-Kultur an, bei der alleine Essen zu einem akzidentiellen Erlebnis gerät. Zu Hause gegessen wird entweder überhaupt nicht, oder es wird als „schlimm" (Gregor) empfunden, alleine zu essen. Essen und der Esstisch stehen zudem für Familiensymbolik, und da keine Familie vorhanden ist, wird Essen in der Regel vernachlässigt, auf den Esstisch häufig ganz verzichtet. Für Singles entfällt das Essen in der Familie und damit ein entscheidendes Ritual, dass der Konstruktion der häuslichen Gemeinschaft dient. Alle Singles greifen auf Erinnerungen zurück, die mit dem gemeinschaftlichen Essen in Verbindung gebracht werden. Das tägliche Bereiten einer warmen Mahlzeit war für ihre Mütter noch mit den Werten „sich gesund zu erhalten" oder „sich selber wichtig zu nehmen" verbunden. Die älteren weiblichen Singles verfügen noch über Rezepte und Fertigkeiten, die sie von ihrer Mutter bekommen haben. Die jüngeren Singles müssen Kochen durch eine Institution (VHS) erlernen.

Selbsterleben

Feste Zeiten, Regelmäßigkeit, feste Orte sind Bedingungen, die sich nicht so einfach mit einem individuell gestalteten Berufs- und Privatleben verknüpfen lassen. Das Singleleben wird mit Vorteilen wie Entscheidungsfreiheit, Vergnügen ohne Hindernisse, selbstbestimmter Aktivitätsraum verknüpft. Die genannten Nachteile liegen in der fehlenden wechselseitigen Unterstützung (auch bei allein Erziehenden) und der vermissten Intimität.

Die von mir befragten Singles verstehen sich selbst als „egoistisch" (Gregor), „selbstbestimmt" (Corinna), „wenig kompromissbereit" (Bert), „unabhängig" (Jens), „selbstverantwortlich" (Jörg), „aktiv" (Isabell). Für sie bedeutet das: Sie handeln eigenständig und unabhängig (Gregor), wollen keine Fremdbestimmung (Corinna), machen wenig Zugeständnisse, die zur Einigkeit von Parteien beitragen bzw. sind zu keinen „faulen Kompromissen" bereit, weil sie darin keine dauerhafte Lösung von Problemen sehen (Bert), sie wollen in ihren Handlungen von niemandem abhängig sein (Jens), zeigen ein Verantwortungsbewusstsein sich selbst und ihren eigenen Handlungen gegenüber (Jörg), sie handeln selbst teilnehmend, indem sie sich für etwas einsetzen (Isabell).

Das Singleleben wird dann zum „Satisfaktionsraum" (Welz 1991), wenn es eine positive Bezogenheit, ein sich zufrieden Fühlen gibt, weil Bedürfnisse durch Eigeninitiative gestillt werden können.

Als Vorteile des Singlelebens werden genannt: keine Rücksicht nehmen zu müssen (Gregor), reden, wenn man dazu Lust hat (Corinna), Kontakte abzubrechen, wenn es schwierig wird (Bert), niemandem Rechenschaft schuldig zu sein, sich austoben zu können, etwas für sich selber zu tun, sich selbst zu verwirklichen, nichts regeln zu müssen, sich nicht an feste Zeiten zu halten, sich nicht kümmern zu müssen (Jens), selbstverantwortlich zu sein, Essen und Sport zu treiben wann und wie man will (Jörg), nicht mehr auf den Partner warten zu müssen (Isabell).

Jedes Warten, sei es das Warten auf das Klingeln des Telefons an einem einsamen Wochenende oder das Warten auf das „wunderbare Erscheinen des Märchenprinzen" (Kaufmann 2002, 127) wird von den weiblichen Singles als Rückfall in das traditionelle Rollenverhalten der Frau in der Ehe gewertet: sie wartet zu Hause, bis der Mann von der Arbeit heimkommt. Auf den Partner warten zu müssen impliziert die Bedeutung eines defizitären Lebens, weil Absprachen nicht eingehalten werden oder Wunschvorstellungen sich nicht erfüllen. Nicht mehr warten zu wollen und stattdessen für sich selber aktiv zu werden, heißt traditionelle Begrenzungen aufzuheben und sich eine neue weibliche Identität anzueignen.

Als Nachteile des Singlelebens werden genannt: alleine aufzuräumen und sauber zu machen (Gregor, Jörg), in Gesellschaften alleine dumm rumzustehen (Corinna), zu wenig gedanklicher Austausch (Bert), keine Kinder zu haben, weil Kinder innerhalb einer Partnerschaft besser aufgehoben sind (Bert), niemand zum kuscheln (Jens), alleine organisieren müssen (Isabell).

Ein zufriedener Single ist der, der als selbstbestimmender Akteur über das Alleinleben entscheiden kann. Selbstbestimmung gilt als positiver Aspekt des Singleseins. Warum bleibt aber vor allem bei weiblichen Singles ein bitterer Beigeschmack? Single sein bedeutet immer noch eine gesellschaftliche Kategorisierung: abseits des „Üblichen". Der gesellschaftlich propagierte Egoismus zeigt Folgen für das Selbstbild des Alleinlebenden. Corinna definiert ihr Unbehagen: „In Gesellschaften steht man alleine dumm rum." Der Begriff *allein* für sich betrachtet bedeutet ohne Begleitung, ohne Hilfe anderer zu sein und impliziert ein sich einsam fühlen. *Allein (da)stehen* bedeutet niemanden in einer Meinung auf seiner Seite zu haben oder, räumlich gemeint, niemand steht neben mir. Sie spürt das, was von Kürthy (2005) als Klischee aufgreift: „mit *der* stimmt was nicht". Gerade bei allein stehenden Frauen greift der Stigmatisierungseffekt des nicht der Norm entsprechenden Singles.

Trotz des Gefühls der Freiheit und der Unabhängigkeit ist das Singleleben, im Sinne von allein sein, als eine vorübergehende Phase gedacht (Jörg, Isabell), die Chancen für eine innere Reifung, für eine selbständige Lebensführung und eine Steigerung des eigenen Selbstbewusstseins bietet. Dauert diese Phase lange an, wird sie entweder als schmerzlich und unfreiwillig empfunden (Isabell) oder als dauerhaft befriedigende Lebensform entdeckt (Corinna). Eine zukünftige Partnerschaft wird dann zwar nicht ausgeschlossen (Bert), aber immer kritischer den Vorteilen des Singlelebens entgegen gestellt. Eine neue Partnerschaft begründet sich auf Liebe und dem Wunsch, Single zu bleiben „im Sinne von sich bewegen können, von Freiheit" (Jens).

Außer Haus

Unterschieden wird zwischen sozialen Aktivitäten, die der materiellen Existenzsicherung dienen, dazu gehört die Arbeit, und Freizeitaktivitäten, die eine ideelle Dimension besitzen wie „Spaß bringen" oder „nach Glück streben".

Arbeit

Arbeit ist für Singles lebensnotwendig, schafft die ökonomischen Voraussetzungen, um sich den Lebensstil leisten zu können, sichert die Unabhängigkeit von einem Partner, bedeutet Statussicherung und Anerkennung. Bei der Wahl des Berufes werden Kriterien wie krisensicher, Umgang mit fortschrittlicher Technik und selbständiges Arbeiten (Bert) genannt. Der Beruf wird mit der persönlichen Struktur gleichgesetzt (Jörg: „Vom Beruflichen her, von der Struktur her, bin ich sehr deutsch."). Die „deutsche Struktur" bedeutet, dass der Mann nach wie vor der Ernährer der Familie sein möchte. Fehlen ihm die ökonomischen Bedingungen durch Arbeitslosigkeit, kann er sich nicht auf Partnerschaftssuche begeben (Lebensziel Jörg: sich beruflich sanieren, dann die „Große Liebe" finden). Beim weiblichen, älteren Single gilt, dass es kaum berufliche Wahlfreiheit gibt. Ab einem bestimmten Alter lässt sich keine neue, adäquate Stelle mehr finden. Dies hat zur Folge, dass der Beruf als „hartes Brot" (Corinna) empfunden oder der Verlust von sozialen Kontakten durch Wochenenddienste (Isabell) beklagt wird.

Freizeit

Das Freizeitaktivitätsspektrum weist wiederkehrende Ereignisse auf, wie das Ausgehen am Samstagabend und die im regelmäßigen Turnus stattfindenden Feste. Zu den täglichen Aktivitäten gehört das körperliche Fitnessprogramm und das Telefonieren. Es sind Aktivitäten, mit denen auf bestimmte Bedürfnisse reagiert wird wie „Kontakt finden und halten" und „sich gesund erhalten".

Den Dialog mit sich selbst vermeiden Singles vor allem am Samstagabend. Die Angst vor einsamen Abenden vor dem Fernseher und das Gefühl der Leere in den eigenen vier Wänden zwingt zur Aktion. Sonntags kann man ausschlafen, das lange Wochenende muss strukturiert werden. Ausgehen bedeutet lebendig zu sein, Menschen zu treffen, sich selbst nicht aushalten zu müssen. Isabells erster Kommentar einer Fremden gegenüber ist: „Ich habe es wieder mal nicht zu Hause alleine ausgehalten." Die Option, draußen einen potentiellen (Ansprech-)Partner zu finden, hellt die Grundstimmung auf.

Es werden verschiedene Gründe genannt, warum das Ausgehen für den Single eine hohe Bedeutung hat. Als erstes gibt es das Ausgehen, um sich zu entspannen. Kulturelle Veranstaltungen, die regelmäßig besucht werden und für die viel Geld ausgegeben wird, lenken nicht nur von der Einsamkeit vor dem Fernsehapparat ab, sondern tragen zum Gefühl bei, etwas für die Bildung getan zu haben und neue Gedanken und Anregungen zu finden.

Zweitens gibt es das Ausgehen, um Leute zu treffen. Dazu gehört neben den Kontakt-Partys das Essengehen. Alleine zu essen wird als unerträglich empfunden. Es fehlt der Austausch, sowohl gedanklich als auch beim Probieren der Speisen von verschiedenen Tellern oder Schüsseln. Wer alleine essen geht, sitzt in der Regel in Deutschland vor einem Gericht, das er von der Menge her kaum alleine bewältigen kann. Für sich alleine verschiedene Speisen zu bestellen, scheitert am Essvermögen oder am Geldbeutel.

Drittens gibt es das Ausgehen, um sich auszutoben. Partys bieten die Möglichkeit, beim Tanzen Frust abzureagieren. „Abzutanzen" gehört genau so zum Samstagabend wie die regelmäßige sportliche Betätigung an Wochentagen. Bewegung bedeutet ein sich Beschäftigen mit dem eigenen Körper. Dahinter steht der Wunsch, dem eigenen Spiegelbild standhalten zu können und die Hoffnung, Komplimente von den Mitmenschen zu hören. Körperlich fit zu sein ist ein Anspruch, den alle Singles an sich stellen, um der Krankheit im Alter vorzubeugen. Sie können sich nicht auf „Familienhilfe oder -pflege" im Alter einstellen.

Viertens gibt es das Ausgehen, um einen Bruch zum täglichen Einerlei zu erleben. Freizeit und Urlaub werden gut organisiert, bilden einen Kontrast zu häuslicher Langeweile und Leerlauf.

Soziale Kontakte

Bert hält den Kontakt zur Herkunftsfamilie. Sie unterstützen sich wechselseitig, besuchen sich regelmäßig, überbrücken die räumliche Distanz von mehreren hundert Kilometern durch telefonieren. Alle anderen Respondenten haben den Kontakt weitgehend eingestellt. Als Gründe nennen sie die Scheidung der Eltern und den daraus resultierenden Versuch der Vereinnahmung eines Elternteils: wer keine eigene Familie hat, dem steht mehr Zeit für die Eltern zur Verfügung. Auch die lieblose Umgangsform in der Kinderzeit oder die ständige Nachfrage, ob es einen neuen Partner im Singleleben gibt sind Gründe, Abstand zu den Eltern zu halten.

Heute wird in Familien, in der Schule, Universität und Arbeitswelt Konfliktfähigkeit erwartet. Regeln, Normen und Wege sind nicht mehr allgemeingültig und gesellschaftlich akzeptiert, sondern müssen ständig neu ausgehandelt werden. Das Aushandeln scheint den Singles in privaten Beziehungen zu mühsam. Sie bezeichnen sich selbst als „nicht konfliktfähig" (Bert) und ziehen deswegen das Alleinleben vor. Die Auseinandersetzung mit den Mitbewohnern ist ihnen zu „mühsam" (Jens). „Keine Kompromisse" gilt auch für verwandtschaftliche Beziehungen. Allerdings lernen Singles aus ihren Erfahrungen und erkennen, dass „man als Single schnell zum Einzelgänger wird" (Bert).

Ein weiterer Grund liegt in der Wertordnung des Singles, bei der Arbeit, nicht familiäre Solidarität, an erster Stelle steht oder nach der Trennung vom Partner getreten ist. Die tägliche Arbeit strukturiert nicht nur den Tag und erfordert tägliche Disziplin, sondern bietet einen festen Sozialisationsrahmen und wird zum Identifikationspunkt auf den sich Ziele konzentrieren wie Arbeitsbedingungen und Arbeitschancen zu verbessern, den Arbeitsplatz nicht zu gefährden, die ökonomische Situation zu sichern. Ein Rückzug oder eine Flucht in ein Familienleben, weil die Arbeit als unbefriedigend oder nicht attraktiv empfunden wird, steht für die befragten Singles nicht zur Disposition.

Die vom Beruf geforderte Flexibilität und Mobilität hindert Singles nicht nur daran, als alltäglicher Ersatzpartner für einen Hilfe suchenden Elternteil zu fungieren, sondern auch die Unbeweglichkeit in Kauf zu nehmen, die neu eingegangene Familienlasten mit sich bringen würden. Die Gründung einer Familie erscheint nur dann als sinnvoll, wenn sie in den gegenwärtigen Alltags- und Lebensrhythmus integriert werden kann.

Der Verlust der Familie wird durch Freunde ausgeglichen, denn alleine sein wollen Singles nur dann, wenn sie es selbst gewählt haben und damit das Alleinsein genießen können, nicht aufgrund mangelnden Kontaktes oder Einsamkeit. Alle haben einen kleinen, sorgfältig ausgewählten Freundeskreis, aber einen großen Bekanntenkreis (über Arbeit, Vereine, Single-Kreis, Kulturkreis). Nachbarschaftskontakte bedeuten Verpflichtung und werden darum vernachlässigt. Neue Freundschaften werden nur schwer geschlossen. Freunde vermitteln Geborgenheit, Interesse am Schicksal des anderen, Hilfe in Notsituationen, können jederzeit angerufen werden. „Freundschaften kann man unabhängig von Zeit und Raum leben", davon ist Jens überzeugt. Dem stimmen alle anderen Respondenten zu. Aber seiner

Aussage: „und das gilt auch für Beziehungen", folgen die anderen nicht. Partnerschaft braucht feste Zeiten, Regelmäßigkeit, feste Orte und setzt Kompromissfähigkeit voraus.

Symbolische Repräsentationen von Lebensstilen

Gewohnheiten und Einstellungen, wie sie sich in Wohnen, Essen, Umgang mit Freunden, Beruf und Freizeit zeigen, lassen sich als symbolische Repräsentationen von Lebensstilen dechiffrieren. Wo und wie der Single lebt, welche Verhaltensweisen er inkorporiert hat, entspricht dem, was Bourdieu als Prägung durch den Habitus, als kulturelle Identität, bezeichnet. Der Habitus ist gesellschaftlich historisch bedingt und beruht auf Erfahrungen bzw. gewährleistet die aktive Präsenz früherer Erfahrungen, die sich in jedem Organismus in Gestalt von Wahrnehmungs-, Denk- und Beurteilungsschemata niederschlagen. Sie erreichen nur bruchstückhaft die Ebene des diskursiven Bewusstseins, bleiben unbewusst, nicht im psychoanalytischen Sinne, sondern ihre Geschichte wurde vergessen. Die Inkorporation der äußeren Existenzbedingungen zu einem habituellen System von Dispositionen vollzieht sich mittels einer stillen Pädagogik. Jede Habitusform bildet sich durch die Verinnerlichung der äußeren gesellschaftlichen (materiellen und kulturellen) Bedingungen, die in modernen differenzierten Gesellschaften nach wie vor ungleich verteilt sind.

Ästhetische Klassifikations-, Bewertungs- und Handlungsschemata bedingen einen bestimmten Lebensstil. Wie der Single lebt, welche Vorlieben er entwickelt, ist dabei nicht in das „Belieben des Geschmacks" gestellt, sondern an unterschiedliche Voraussetzungen gebunden, deren Ursprung im familiären und schulischen Umfeld begründet liegt.

Geschmack, im Sinne einer gesellschaftlichen Distinktion, unterteilt Bourdieu in den „legitimen", den „mittleren" und den „populären" Geschmack. Oberklasse oder herrschende Klasse, Mittelklasse oder Kleinbürger, Arbeiterklasse oder Volksklasse erwerben symbolisches Kapital oder Distinktion, indem sie sich durch bestimmte Verhaltensweisen (beispielsweise maßvolle Bewegungen anstatt Hast) oder Vorlieben (Nahrung, Mobiliar, Musik, Hobbys) von der jeweils anderen Klasse abgrenzen. Der „legitime" Geschmack der Oberklasse, der „aus Freiheit und Luxus geboren wurde", präferiert die von den kulturellen Instanzen (Universitäten, Kritiker) legitimierten Werke der herrschenden Kultur einer Gesellschaft. Der „mittlere" Geschmack der Kleinbürger ist populärer und leichter zugänglich. Bildungseifer und Bemühen, sich Werke und Praktiken der legitimen Kultur anzueignen, dienen gleichzeitig der Abgrenzung gegen den „populären", il-

legitimen Geschmack am „Notwendigen" der Arbeiterklasse, der durch
mangelnde ökonomische und kulturelle Ressourcen entsteht.

Meine Respondenten kommen alle aus einem bürgerlichen Milieu. Die
von ihnen bevorzugten Wohn- und Lebensstile sind nicht nur eine Frage des
Geschmacks, sondern auch der ökonomischen Bedingungen und der kulturellen Prägung.

Konventionelle Verhaltensweisen und distinguierter Genuss

Singles erheben Anspruch auf „kulturelle Legitimation" (Bourdieu). Die
Großstadt bietet im Gegensatz zum ländlichen Bereich ein intensiveres Kulturangebot, verspricht ein Zugehörigkeitsgefühl und Anregung durch kulturell privilegierte Gruppen. Mit dem Wechsel des Wohnortes verändern sich
aber nicht automatisch die durch Erziehung geprägten Bilder, Einstellungen
und Werte eines Menschen. Den Solisten aus der Kleinstadt (Bert) lockt
Frankfurt, das für ihn „die große, weite Welt" bedeutet. Die Frankfurt-Bilder dienen ihm als Kontrastierung der eigenen kleinbürgerlichen Wohnort-
Welt oder, wie Schilling es definiert, „Frankfurt steht nicht nur für das, was
man nicht ist, sondern wie man nicht ist" (Schilling 1995, 18).

Wie man ist, zeigt sich in wesentlichen charakteristischen Einstellungen.
Meine Respondenten äußern Bezeugungen der Ergebenheit gegenüber asketischen Werten wie Präzision, Exaktheit, Ernsthaftigkeit. Sie werden bei der
Durchführung von Hobbys wie beispielsweise dem Fotografieren (Bert)
zum Ausdruck gebracht. Das Sammeln, Auswerten, Rahmen, Dekorieren
beansprucht Zeit- und Bildungseifer, lässt sich als „einen Kult autodidaktischer Strebsamkeit" (Bourdieu 1982, 549) verstehen, der typisch für ein
bürgerliches Verhalten ist. Auch im Wohnstil finden sich Beispiele für inkorporierte bürgerliche Werte finden. Ein Bild oder Möbelstück wird als
„schön" (Bert) deklariert, weil es „wertbeständig" ist, farblich in die Wohnung passt, oder weil es für einen „kultivierten Lebensstil" (Isabell) steht.

Etwas kultivieren (aus dem französischen) heißt bearbeiten, urbar machen (aus)bilden, pflegen. Bildhaft gesprochen wird die „Pflege des Bodens" (agricultura) auf die „Pflege der Sinne" übertragen. Dabei spielen die
Begriffe Bildung, Umgangsformen und gesittetes Benehmen eine wesentliche Rolle. Sie sind Merkmale für eine Gruppenzugehörigkeit, die für die befragten Singles identitätsstiftend ist.

Ritualisierte Feste wie die jährlich stattfindende „Matinee" (Corinna) liefern ein schönes Beispiel. Die geladenen Gäste und die Gastgeber verbindet
eine Gruppenzugehörigkeit, die sich durch gemeinsame Merkmale konstituiert wie gleicher Bildungsstand, gleiche Mentalitätsstrukturen, ähnliche
Charaktereigenschaften. Wer zu einer bestimmten Gruppe gehört erhöht sei-

ne Kommunikationsoptionen, gewinnt an Prestige, bekommt Beachtung, Anerkennung, wird integriert.

Bei der Vorbereitung von Festen wird viel Zeit für die Zubereitung der Mahlzeiten aufgewendet. Für Singles, die nur Kochen wenn Gäste kommen, bedeutet dies einen Bruch zum täglichen Single-Alltag, an dem die „schnelle Küche" bevorzugt wird. Feste sind Gelegenheiten, Traditionen zu pflegen. Die sorgfältige Zubereitung von Speisen zeigt die Verwurzelung in dauerhaften Dingen und ist „Gegenbewegung" zur schnelllebigen „fast-food-Zeit". Im „Zelebrieren von Speisen" (Bourdieu) wird ein distinguierter Lebensstil deutlich. Die Geheimnisse des Würzens, das Wissen um den zum Essen passenden Wein, das Tischdecken, die korrekte Tischordnung, die Gastgeberpflichten zeigen sich als Zeichen sozialer Distinktion.

Stil haben und Geschmack beweisen sind inkorporierte Distinktionsmittel. Als Single zu leben bedeutet, dass es Bereiche gibt, in denen es keinen geregelten Familien- und Rollenaufbau gibt. Dennoch bleibt das einmal erworbene Lebensstil-Muster des guten Benehmens und des „guten Tons" bei Tisch erhalten. Beides sind Elemente des elitären bürgerlichen „Ichs", das die „gebotene überlieferte Distanz und die soziale Differenzierung garantiert" (Katschnig-Fasch 1998, 203).

Die bürgerlichen Verhaltensmuster sind auf die Vergangenheit hin orientiert: ein sorgfältig gedeckter Tisch, niemals ungekämmt am Frühstückstisch erscheinen, gerade sitzen, nicht mit vollem Mund sprechen. Dies entspricht dem Erziehungsideal, „sich nicht gehen zu lassen" (Isabell, Corinna). „Würde zeigen" wird zur Pflicht. Der konservative Habitus zeigt sich in dem bürgerlichen Selbstbild „Haltung bewahren". Er wird durch höfliche Umgangsformen, sorgfältiges Kleiden und gutes Benehmen zum Ausdruck gebracht.

Die neue kulturelle Identität

Die Respondenten reagieren individuell, aus ihrer Lebenserfahrung, Erinnerung, aus ihrem Sozialisationsprozess heraus. Der fremden Beobachterin fällt zwar auf, wer sich bei bestimmten Themen zögerlich verhält, zurückzieht, mitmacht, aber ein Verstehen des Erlebens erleichtert das Wissen über die Biographien. Sie liefern wichtige Daten des Lebensvollzugs, geben Hinweise auf das Milieu in dem der Single lebt, erklären Gründe für das Alleinleben, zeigen Verhaltens- und Wissenstechniken, die zum Erreichen bestimmter Ziele eingesetzt werden.

Deutlich werden Elemente eines neuen kulturellen Selbstverständnisses, indem Singles nach anderen Lebensformen und Sozialbindungen suchen. Diese Suche bezeichnen Vester, von Oertzen und Geiling als „Beginn einer

114

neuen kulturellen Identität" (1993, 244). Sie findet bei den männlichen Respondenten eine andere Ausdrucksform als bei den weiblichen. Auch das Alter der Respondenten spielt eine Rolle, weil sich Normen und Rollen, wie ich es bereits bei meiner Romanrecherche feststellte, geändert haben.

Die männlichen Respondenten

Jens gehört der jüngeren Singlegeneration, Gregor der älteren an. Wie wirken sich die Unterschiede in der Sozialisation auf ihre Einstellungen und ihr Verhalten aus? Jens und Gregor sind in Großstädten aufgewachsen. Das städtische Milieu der Eltern hat sie anders geprägt als dies bei Bert geschah, der in einer Vorstadtsiedlung aufwuchs. Jens wächst in einem traditionellen Familienverbund, dem Vier-Personen-Haushalt auf, Gregor alleine bei der Mutter. Als Single mit unehelichem Kind zu leben entsprach vor 50 Jahren nicht der allgemeinen Lebenspraxis in Österreich. Zudem hatte es die Konsequenz für Gregor, dass sich Mutters ganze Lebenswelt um ihn drehte. Er fühlte sich „erdrückt". Später lastet er sein Gefühl, immer im Mittelpunkt stehen zu müssen, nicht seinem Status als Single an, sondern der extremen Fürsorge der Mutter in seiner Kindheit.

Jens' Eltern leben das bürgerliche Ideal der Askese und der Disziplin. Askese drückt sich als Aufenthalt in frischer Luft und Körperbewegung aus, Disziplin betrifft sowohl die regelmäßigen, gesunden Mahlzeiten, als auch das gute Benehmen bei Tisch.

Gemeinsam ist Jens und Gregor, dass sie sich zu einem Großelternteil hingezogen fühlten. Jens zur Großmutter, die ihm mehr Freiraum lässt, Gregor zum Großvater, der die Liebe zu fremden Ländern weckt. Beide lehnen Regelmäßigkeit und Starre des bürgerlichen Milieus ab. Jens wehrt sich dagegen, Essen als reine Nahrungsaufnahme in Form von ritualisierten Handlungen zu begreifen. Gregor entkommt der vorgezeichneten Berufslaufbahn, die für ihn soziale Kontrolle bedeutet.

Im Leben beider kommt es zu einer schweren Krise, bedingt durch Krankheit (Gregor) und Sportverletzung (Jens). In dieser Zeit der „Schwäche" (Gregor) gründet Gregor eine Familie. Jens sucht Kontakte zu Freunden, die in der Lage sind, alleine zu leben.

Beide brauchen Freiheit und ein festes Netzwerk zugleich. Nähe und Distanz zu anderen wollen sie selber kontrollieren können. Jens liebt Berlin, empfindet die Stadt als Raum der Identifikation und Selbstverwirklichung. Gregor betont die Enge der bürgerlichen Stadt Wien, deren starre Formen, tradierte Grenzen des Erlaubten und die Einhaltung festgeschriebener Sitten er beklagt.

Gregors Beziehungen beruhen heute nicht mehr auf persönlicher Bindung. Personen und Erlebnisräume sind für ihn austauschbar geworden. Per Handy immer erreichbar, tritt er als Darsteller aus der entsprechenden Kulisse, je nach Lust und Laune, im Nudistenclub in Sprendlingen, in der Sauna in Dreieich, beim morgendlichen Frühstück im Wertkauf, in der VIP-Lounge im Frankfurter Flughafen, immer um öffentliche Wahrnehmung bemüht. Dementsprechend ist auch sein Wohnstil, individuelle Selbstdarstellung, keinen Wohnmustern mehr verpflichtet.

Jens hat einen Lebensstil entwickelt, der für eine lang andauernde, kulturelle Neuorientierung steht. Er ist „stilsicher", zeigt Souveränität des Verhaltens. Er ist der Typ des innovativen, selbstbestimmten Singles. Freiheit beginnt bei ihm „im Kopf". Er distanziert sich bewusst von Vergangenem, Behaglichem. Bei ihm ist Wohnen und Sein eine Frage des „abstrakten, intellektuellen Ausdruckes und eines elitären Raum- und Kunstverständnisses" (Katschnig-Fasch 1998, 252). Obwohl die moderne Nüchternheit des Wohnstils bei Jens vordergründig dominiert, schließt sie Bedürfnisse nach Nähe und Geborgenheit ausdrücklich mit ein.

Katschnig-Fasch ordnet diesen Lebensstil den Wohngemeinschaften der 80er-Jahre zu, in denen sich die alternativen und provokanten Lebensstile der 70er-Jahre dahingehend wandeln, dass psychische Nähe, sich wohl fühlen im Kreis Gleichgesinnter immer mehr Bedeutung erlangt. Jens ist auf der Suche „nach dem Selbst und seiner harmonischen Einbettung der irdischen Existenz in den ganzen Kosmos" (ebd.). Das bedeutet für ihn sowohl den beliebigen Gebrauch als auch die Loslösung von überkommenen Orientierungsmustern. Sein Leben erscheint exklusiv und außergewöhnlich. Für ihn gibt es die freie Wahlmöglichkeit in der „Erlebnisgesellschaft" (Schulze 1997). Schicht-, Bildungs- und Alterszugehörigkeit, nicht zuletzt auch finanzielle Ressourcen bieten ihm die Möglichkeit, „ganz offensichtlich problemlos eine auf sich bezogene Bewusstseinsidentität verwirklichen (zu) können" (Katschnig-Fasch 1998, 266).

Bert und Jörg kommen beide aus Arbeiterfamilien aus dem Ruhrgebiet. Während Jörg schon als kleines Kind nach Frankfurt kam, bedingt durch den beruflichen Wechsel des Vaters, war es für Bert eine freie Entscheidung im Alter von 20 Jahren. Beiden gemeinsam ist, dass Essen und Sport zu zentralen Themen in ihrem Leben geworden sind. Jörg präferiert Karate und Tanz, Disziplinen, die an Raum und Zeit und an ein unmittelbares Gegenüber gebunden sind. Bert bevorzugt Sportarten bei denen er auf keinen Partner angewiesen ist, es keine vorgesehenen Orte gibt und er die Zeiten nach Wahl bestimmen kann. Während Bert sich von den Essgewohnheiten im Elternhaus gelöst hat und heute Vegetarier ist, befindet sich Jörg noch im Umbruch zu einem neuen Stil des Essens. Beide wenden sich bewusst neuen Werten zu und entwickeln ein kritisches Umwelt- und Risikobewusstsein.

Mit dem Alleinleben sind neue Denkweisen, neue Handlungs- und Lebensentwürfe verbunden. Bert löst sich von den Einstellungen seiner Herkunftsfamilie und sucht neue Sozialbindungen in der Frankfurter „linken Szene", findet aber keinen Anschluss, weil die politischen Einstellungen nicht übereinstimmen. Er ist auf der Suche nach Menschen, die der modernen Industriegesellschaft und ihren Organisationsformen skeptisch gegenüberstehen. Obwohl Bert im Alltag in Frankfurt auf sich alleine gestellt und mit wenig finanziellem und sozialem Kapital ausgestattet ist, erlebt er sich selbst als privilegiert: „Ich handele nach eigenen Bedürfnissen." Er erlangt ein neues Kapital, „das als ‚Zeitkapital', als ‚Raumkapital' und Handlungsautonomie in Bourdieus Kulturtheorien zum Lebensstil nicht einfließt" (Katschnig-Fasch 1998, 236).

Wesentlicher Bestandteil seiner neuen Lebensform ist die Bildung. Wissensaneignung bedeutet für ihn, sich eine eigene Meinung zu bilden und danach zu leben. Er kauft im Reformhaus und lebt als Vegetarier, weil Brot in Plastiktüten und mit Hormonen gespritzte Rinder für ihn Symbole einer technischen Welt sind, der er durch die Rückführung zu gesunder Kost entgegen wirken will. Berts Bildungsbestrebungen gelten nicht nur dem Geist, sondern auch seinem Körper. Sportliche Aktivität hat für ihn eine explizit gesundheitsfördernde und „natürliche" Funktion. Nach Bourdieu ist Sport treiben ein Distinktionsmittel, das auf einen wachsenden Sozialstatus hinweist. Es geht um die Verantwortung und das Bewusstsein für den Körper, dass sich bei Arbeitern weniger zeige (vgl. Bourdieu 1982, 342). Nach Katschnig-Fasch ist Körperbeherrschung immer Selbstbeherrschung und damit ein neuer asketischer Wert, der von Bert ritualisiert und diszipliniert eingehalten wird.

Jörg sucht Gleichgesinnte im „asiatischen Denken". Für ihn spielen das neue Bewusstsein und die Verantwortung für den eigenen Körper erst eine Rolle, seitdem er wieder Single ist. Er hat erst spät, mit 30 Jahren, mit Karate angefangen. In seiner Herkunftsfamilie und in seiner Paarbeziehung war dieser Sport als „Kampfsport" verpönt. Mit der Entscheidung, „seinen Jugendtraum" wahr zu machen und Karate zu erlernen, entwickelt er ein neues Denken: „Karate steht für mich für die Verwirklichung des eigenen Selbst." Er erlangt ein neues Körperbewusstsein, lernt neue Leute aus anderen Kulturen kennen, hat die neue Sichtweise der „inneren Ruhe", hat nun „seinen eigenen Kreis und macht seine eigenen Erfahrungen." Jörg versucht, unter anderem durch den Sport, aus dem täglichen Einerlei auszubrechen, sich in eine andere Welt zu versetzen, den Traum vom Ausbruch aus der westlichen Zivilisation fortzusetzen. Mit den neu gewonnenen Erfahrungen gelingt ihm eine hohe Investition an kulturellem Kapital.

Jörgs Wunsch, nicht mehr normiert und angepasst zu sein, impliziert „Freiheitsgeschmack" (Katschnig-Fasch). Freiheit ist ein hedonistischer Wert, der über eine reine Kategorisierung hinausgeht und den Lebensstil der Unabhängigkeit demonstriert. Jörgs Rückzugsraum mit dem Futon als Multifunktionsmöbel, die Karateübungen und der damit verbundene neue Wert des „sich gut Fühlens" bedeutet eine Distinktion, die sich nicht mehr nur über kapitalorientierte Distinktionsmechanismen bildet.

Die neue weibliche kulturelle Identität

Die neue weibliche kulturelle Identität hat die Lösung von Rollennormen als Voraussetzung. Erst sie ermöglicht auch Frauen eine individuelle Lebensplanung. Eine Scheidung war für Corinna und Isabell nur möglich durch die Aufhebung der wechselseitigen Abhängigkeitssituation im partnerschaftlichen und familiären Bereich, die auf der Grundlage der sozialstaatlich abgesicherten Arbeitsgesellschaft die Erosion und das Brüchigwerden der „traditionalen" privaten Lebensformen mit sich brachte. Damit verlor auch das familiäre Zusammenleben seinen Stellenwert als „Sicherungsinstitution". Mit der Abnahme der ökonomischen Abhängigkeit ging die endgültige „Romantisierung" der Paarbeziehung einher: „pure relationship" (Giddens 1992) meint Liebe zum Partner, nicht Verpflichtung im Sinne von Rollennormen und ökonomischer Abhängigkeit.

Während Corinna in ihrer Ehezeit ihre berufliche Position aus ökonomischen Gründen weiter ausbaut und ihr Beruf ihr eine gesellschaftliche Aufwertung und Anerkennung bringt, nimmt Isabell die traditionelle Rolle der „Nur Hausfrau" ein, die für ein gemütliches, repräsentatives Heim verantwortlich ist. Die Scheidung erscheint Corinna und Isabell zunächst als persönlicher Gewinn, der Individualität und Freiheit verspricht.

Freiheit wird zu einem neuen weiblichen Kapital. Voraussetzung sind dafür die Möglichkeit, den von ihr gewählten Beruf auch auszuüben und der Wunsch, freiwillig alleine zu leben. Corinnas bewusste, individuelle Lebensplanung geht über die für Frauen traditionell vorgesehene Lebensweise hinaus. Ihr Lebensstil als Single stellt eine echte Alternative zur Ehe dar. Sie beansprucht heute „ein eigenes Stück Leben" (Beck-Gernsheim 1983).

„Autonomie, berufliche Kontinuität und Interesse an Qualifikation und Arbeitsinhalt sind meine Ziele", sagt Corinna. Diese Ziele hat sie auch während ihrer Ehe verfolgt. Sie ist materiell unabhängig und will ein eigenständiges Leben führen. Fehlten den Frauen der älteren Generation aufgrund ihres diskontinuierlichen Berufsverlaufs eine eigene Absicherung im Alter

118

und die Vorteile längerer Betriebszugehörigkeit, so hat Corinna durch berufliche Kontinuität ihre Berufsbiographie einer männlichen angeglichen und entwickelt auch einen inneren Bezug zu ihrem Beruf. Für Frauen ist der „doppelte Emanzipationsprozess", raus aus dem familiären Rollenbild – rein in die berufliche Karriere, noch relativ neu. Obwohl die Zusammenführung der Lebensbereiche Ehe, Kinder und Beruf vielfältige strukturelle und psychische Barrieren schaffte, hat Corinna ihren Beruf nie aufgegeben. Mit ihrer Heirat und der Übernahme der Stiefmutterrolle kehrte sie nicht nur zum traditionellen weiblichen Rollenkonzept zurück, sondern musste darüber hinaus noch „psychologische" Fähigkeiten aufweisen. Corinna sieht „Alleinleben nach den Jahren der Krise als Gewinn, der sich aus dem Überwiegen der persönlichen Freiheit und Autonomie gegenüber den psychischen Gefühlen des Alleinseins ergibt" (Katschnig-Fasch 1998, 321).

Für Isabell ist im Gegensatz zu Corinna der Beruf nicht identitätsstiftend, sondern dient zur ökonomischen Sicherung ihrer Existenz. Einerseits ist sie nach der Scheidung zu einem Erwerbsleben gezwungen, bei dem ihr Privatleben zurückstehen muss, andererseits kann sie ihre Ansprüche und Erwartungen an ihren Beruf aufgrund der Situation auf dem Arbeitsmarkt nicht befriedigen. Mit 52 Jahren ist es schwer für sie, einen neuen Arbeitsplatz zu finden, die Rente reicht aber auch noch nicht für eine adäquate Altersversorgung. Eine neue Beziehung hätte für Isabell eine Ausgleichsfunktion: „Je abstrakter die Wirklichkeit, desto attraktiver die Liebe" (Beck/Beck-Gernsheim 1990, 240). Als Single hat Isabell genau das nicht, was sie sich im Moment am meisten wünscht, „das Du, das die eigene Welt teilt und Geborgenheit, Verständnis, Gespräch verspricht" (ebd.). Isabell sieht ihr Singleleben als „unfreiwillig" und „persönlichen Mangel". Darum kann sie auch nicht die Hürde einer historisch neuen Lebensform erfolgreich nehmen. Ihre Lebenskonzeption ist nicht optimistisch gefärbt und motiviert.

Mensch-Umwelt-Raum-Relation

Ob das Singleleben als befriedigend empfunden wird, ist abgesehen von den erforderlichen Ressourcen und Handlungsmöglichkeiten auch eine Frage des Charakters. Corinna kann sich auf jede neue Situation gut einstellen, zieht daraus positives Potential und ist zufrieden. Isabells Grundhaltung wird bestimmt durch eine tiefe Enttäuschung, weil sie immer nur vorübergehend das bekommen kann, was sie zum Leben vermeintlich unbedingt braucht. Sie ist nicht wirklich zu Kompromissen bereit, weder bei der Partnerwahl noch in beruflicher Hinsicht. Darum sagt sie von sich selbst: „Ich bin zu anspruchsvoll."

Der Charakter des Menschen ist ihm nicht angeboren, sondern hängt von seinen Verbindungen zur Welt ab. Er bildet sich durch die Beziehungen zwischen dem Menschen, seiner Umwelt und dem Raum seiner Erfahrungen und Möglichkeiten aus. Nach dem Lebenswelt-Konzept von Schütz und Luckmann gibt es im Leben jeden Menschen ein nicht hinterfragtes Bewusstsein für Aspekte wie „und so weiter" und „Ich kann immer wieder", die jeweils auf einem Vorrat früherer Erfahrung beruhen, „sowohl meiner eigenen unmittelbaren Erfahrung als auch solcher Erfahrungen, die mir von meinen Mitmenschen, vor allem Eltern, Lehrer usw. übermittelt wurden. Alle diese mitgeteilten und unmittelbaren Erfahrungen schließen sich zu einer Einheit in der Form eines Wissensvorrats zusammen, der mir als Bezugsschema für den jeweiligen Schritt meiner Weltauslegung dient" (Schütz 1975, 28). „Und so weiter" meint, dass die Welt meiner eigenen und der übernommenen Erfahrungen so bleiben wird, wie sie mir bekannt ist. „Ich kann immer wieder" heißt, dass die mir bekannte Weltstruktur erhalten bleibt und ich aufgrund meiner Erfahrungen und meines Vermögens auf die Welt „wirken" kann.

Erfahrungen drücken sich in Bedürfnissen, in ästhetischem Empfinden, in Werten und in sozialen Beziehungen aus. Erfahrungen sind, weiter gedacht, identitätsbildend und eng verknüpft mit Bedeutungen und Handlungsmustern. Plötzlich wieder Single zu sein beschreibt ein Ereignis und eine damit verbundene Erfahrung, die unerwartet in ein Leben einbricht und den „Ablauf der Selbstverständlichkeitskette" (Schütz 1975, 33) durchbricht. Alle Respondenten sprechen von einer Identitätskrise. Ihre Bewältigung ist abhängig von der Lebensweltakzeptanz.

Isabell sieht sich auch heute noch in der Rolle der Hamburger Kaufmannstochter, die ihrem Stand gemäß geheiratet hat und damit gesellschaftliche Anerkennung bekommen hat. Dies erinnert an das Weltbild der Lübecker Kaufleute, das Thomas Mann in den Buddenbrooks aufzeigt: Jeder bekommt von Geburt an seinen Platz zugewiesen. Versucht er diesen zu verlassen, ist dies in Isabells Augen mit einem sozialen Abstieg verbunden. Hinzu kommt die Erfahrung der Scheidung der Eltern, die sie gelehrt hat, dass die gesellschaftliche Position einer verheirateten Mutter eine bessere ist, als die der allein Erziehenden.

Auf eigenen Füßen stehend will Isabell ihr kreatives Potential nutzen. Sie versteht sich selbst als Künstlerin. Ihr Ziel, auch öffentliche Anerkennung beim Theater als Maskenbildnerin zu finden, scheitert. Damit teilt sie das Schicksal von Christian Buddenbrook, der zwar im Club ob seiner Fähigkeiten gelobt wird, dem aber die gesellschaftliche Anerkennung als „Künstler" fehlt. Isabell möchte jetzt wieder eine Aufwertung durch einen Partner finden, der ihr gesellschaftliche Reputation bietet.

Isabells bürgerliche Wertvorgaben ließen bei ihr keinen Wandel im Denken zu. Zudem lösen ihre Erfahrungen als „unfreiwilliger" Single bei ihr eine Unzufriedenheit aus, die auf der Wahrnehmung von Ungleichheit beruht. Wahlfreiheit im Beruf ist für Isabell nach über 20-jähriger Unterbrechung der Berufstätigkeit, in denen sie als Hausfrau und Mutter tätig war, nicht mehr möglich. Als weiblicher, älterer Single hat sie nicht die gleichen Voraussetzungen wie gleichaltrige, männliche Singles mit einer kontinuierlichen beruflichen Laufbahn. Die Positionierung im sozialen Raum ist immer noch nicht gleichberechtigt. Der Wunsch, Raum in der Gesellschaft einzunehmen, beschränkt sich bei Isabell nicht nur auf die private Wohnwelt. Sie wünscht sich Gleichberechtigung in allen Lebenslagen.

Die neuen Werte

Hinter dem individuell gestalteten Lebensstil der Singles manifestieren sich gemeinsame Werte. Sie zeigen sich in Abneigungen, Vorlieben und Gewohnheiten. Neben regelmäßigem Sport gehört der Verzicht auf Fleisch, Alkohol und Tabak (Jens, Bert) zum Lebenskonzept. Dahinter verbirgt sich der Gedanke, ein gesundes Leben zu führen und die Umwelt bewusst wahrzunehmen. Mit dem neuen Bewusstsein grenzen sie sich von der Elterngeneration ab und übernehmen gleichzeitig Verantwortung für sich selbst. Während das Bewusstsein „Fleisch ist ein Stück Lebenskraft" für die Elterngeneration noch mit Wohlstand („wir können uns das leisten"), Energie („wer hart arbeitet bekommt das größte Stück Fleisch") und „sich etwas Gutes tun" zusammenhing, entwickelt die Singlegeneration der 30 bis 50 jährigen ein „Risikobewusstsein", das sich vom „Standesbewusstsein" abgrenzt. Distinktion zeigt sich nicht mehr darin, sich „etwas leisten zu können", sondern darin, über die Umweltrisiken zu reflektieren. Angesichts von Fleischskandalen, Hühnerpest und Vogelgrippe, von denen in den Medien berichtet wird, entsteht eine kollektiv empfundene Angst vor unabsehbaren Gefahren, die einen kulturellen Wandel ausgelöst hat. „Neue Denkweisen, neue Handlungs- und Lebensentwürfe dringen in Schichten vor, die bisher in ihrer Fortschrittsgläubigkeit kritikresistent waren" (Katschnig-Fasch 1998, 381).

Nur im „Hier und Jetzt" zu leben, bekommt unter diesem Aspekt eine andere Bedeutung – seine Freiheit zu leben, impliziert auch die Angst vor globaler Bedrohung und persönlicher Überforderung. Soziale und persönliche Verantwortung schließen die Vorstellung des einmaligen Lebens mit ein. Nach Becks Individualisierungstheorie ist „die durch den Fatalismus der

Menschen weiter und weiter vorangetriebene Modernisierung die einzige und eigentliche Herausforderung, welche Umschichtungen in der gesellschaftlichen Struktur auslöst und erst dadurch Machtverschiebungen, eine neue Ethik, ein neues Denken, ein neues Handeln einzelner und sozialer Bewegungen in neuen symbolischen Systemen und dadurch ein neues kulturökologisches Gleichgewicht ermöglicht" (Beck 1986, 67).

Zu den gemeinsamen neuen Werten gehört eine Veränderung im Dinggebrauch. Dies zeigt sich bei der Wohnungsbesichtigung im Singlehaushalt. Wert hat, was die Atmosphäre des Persönlichen innerhalb der Wohnung sichert, was eine Geschichte hat, auf die sich besondere Emotionen konzentrieren. Diese Veränderung der Ausstattung der alltäglichen privaten Lebenswelt ist nicht vom ökonomischen Kapital, sondern vom neuen Erlebniswert des selbstbestimmten, sinnzentrierten Lebens abhängig. Singleleben bedeutet, „Produzent individueller Lebens-Collagen" (Keupp 1997, 17) zu sein. Singles basteln sich aus vorhandenen Lebensstilen und Sinnelementen ihre „eigenen kleinen lebbaren Sinn-Konstruktionen" (ebd.). So wie der „Bastler" oder „Homeworker" als „Sinnbild des zeitgenössischen Menschen" (ebd.) gilt, so bietet der Markt auch die passenden „Stil-Pakete" – vorgefertigte Teile, die dem einzelnen einen Spielraum zu mehr oder weniger originellen Kombinationen lassen. Die „Bastel-Mentalität" zeigt aber nicht nur den Verlust eines „goldenen Zeitalters", sondern bietet auch eine Chance für einen kreativen Produzenten.

Zu den angestrebten Werten von Singles gehören Individualität und Originalität, Mut zu sich selbst, Freiheit von gesellschaftlichen Normen und Unkonventionalität. Singles lassen sich als „Typus der gewandelten Mentalitäten" oder „Humanistisch-Aktive" (Vester, von Oertzen, Geiling 1993, 214) verorten. Ihre Lebensziele „kreisen um Selbstverwirklichung, persönliche Unabhängigkeit, individuelle Eigenverantwortung und anspruchsvolle Standards im Beruf, im Privatleben und in einem humanistischen sozialen Engagement" (ebd.).

Gruppenkonstituierende Elemente

Bei den „Neuen Milieus" stehen Individualisierung, Enttraditionalisierung und Herauslösen aus alten Bindungen im Vordergrund. Als Milieu konstituierende Elemente gelten für Singles Werte wie „Freiheit", „Unabhängigkeit", „die Suche nach Glück", „keinen Konventionen zu unterliegen", „sich immer wieder selbst infrage zu stellen". Weitere Elemente sind „gemeinsame Ideale und Vorbilder", „sich miteinander wohl zu fühlen", miteinander leben zu können", „Empfindungen miteinander zu teilen".

Die Suche nach Veränderungen, die sich zunächst aus dem Generations-
konflikt zwischen Jugendlichen und den Eltern ergab, führte bei den Respondenten zu einer Phase der Innenschau und Selbsterfahrung hin. Die
Selbstreflexivität des Singles weist auf ein bestimmtes Grundmuster im
Denken hin. Schulze bezeichnet es als „Innenorientierung" oder „Erlebnis-
orientierung", die nach den subjektiven Konsequenzen des Handelns fragt:
„Was gefällt mir besser? ... Partner A oder Partner B, Kinder haben oder
nicht, berufstätig sein oder nicht, diese Arbeit oder jene?" (ebd. 1993, 88).
Diese Fragen dienen dazu, alltägliche konkrete Entscheidungen zu treffen.
Das Singleleben bringt es mit sich, zwischen verschiedenen Optionen und
unterschiedlichen Alternativen zu entscheiden. Dies muss auch der Mensch,
der in der Familie lebt, bewältigen. Der Unterschied liegt darin, dass der
Single seinen Alltag auf autonome Weise bewältigen muss. Das bedeutet in
der spezifischen Daseinsform des Singlelebens eine ständige Selbstreflexivität. Der Preis, sich außerhalb des normativen Rahmens zu bewegen, birgt
die Gefahr des Verlustes einer gesicherten Identität. Selbstreflexivität bedeutet das Aushandeln zwischen dem konkreten Lebensstil und dem allgemeinen Modell des Privatlebens.

Singles fühlen sich den Menschen verbunden, die die gleichen Eigenschaften, Interessen, Erfahrungen, Gefühle wie sie selbst entwickeln. Gregor fühlt sich heute Menschen zugehörig, die er als „Lebenskünstler" bezeichnet, Menschen, die überall auf der Welt zu Hause sind und gerne im
Rampenlicht stehen. Gleiche Interessen bilden sich über die Medienwelt,
über aktive Teilnahme bei Film und Fernsehen. Sich nicht binden wollen,
aus dem Koffer leben und Reiseerlebnisse austauschen, das hat er mit Jens
gemeinsam. Isabell fühlt sich den „Lufhansa-Frauen" zugehörig. Die gemeinsamen, schmerzlichen Erfahrungen in der Partnerschaft, aber auch die
gemeinsam erlebten Reisen oder Cocktailpartys haben sie miteinander verbunden. Trost ist für sie, dass die anderen Flughafenfrauen ihr Schicksal teilen. Damit wird das Scheitern der Ehen in diesem Umfeld nicht zum Einzel-
schicksal, sondern generalisiert. Über positive Gefühle findet Corinna
gleichgesinnte Menschen. Verbundenheit mit anderen Menschen entwickelt
sich für sie als ein Netzwerk, in das sie sich eingebunden fühlt, von dem sie
sich aber nicht abhängig machen will.

Die narzisstische Persönlichkeit

Singles geben offen zu, dass sie in ihrem Leben danach entscheiden, was für
sie persönlich den größten Vorteil und Nutzen verspricht. Sie wehren sich
aber dagegen in die Schublade „Egoist" oder „nur sich selbst verpflichtet"
gepackt zu werden. Nur Gregor sagt von sich: „Ich bin ein Narziss."

Der Soziologe und Psychoanalytiker Christopher Lasch bezeichnet unser Jahrhundert als „narzisstisches Zeitalter". Vereinsamung in den Großstädten, Bindungslosigkeit und der Drang, sich mit allen Mitteln Genuss zu verschaffen, ohne auf andere Menschen Rücksicht zu nehmen, kennzeichnet, laut Lasch, den Narziss. „Die narzisstische Persönlichkeit fühlt, dass sie von ihren eigenen Begierden verzehrt wird. Ihr maßloser Hunger verleitet sie zu unangemessenen Forderungen an ihre Freunde und Sexualpartner; doch im selben Atemzug weist sie diese Ansprüche zurück und verlangt nur eine beiläufige Bindung ohne Versprechen auf Dauer von beiden Seiten" (Lasch 1979, 227). Zur gleichen Kritik kommt Claudia Szczesny-Friedmann (1991, 78). Sie sieht das Problem des zunehmenden Narzissmus darin, dass in modernen Großgesellschaften das Schwergewicht von der „Wir-Identität" auf die „Ich-Identität" verlagert wird. Neue Wertordnungen legten mehr Gewicht auf das „autonome Individuum", als Ausdruck der „Ich-Identität", die zum Überleben in anonymisierten Massen notwendig sei. Heute bestehe die Forderung der Gesellschaft nach der frühen Lösung der Kinder von der elterlichen Familie, um „innere und äußere" Autonomie und Freiheit zu erlangen. Abhängig sein werde beim Erwachsenen gleichgesetzt mit „neurotischem Klammertyp".

Unabhängigkeit, so Beck, ist die notwendige Bedingung für eine „vollmobile Welt" im Arbeitsleben.. In der modernen Arbeitsgesellschaft sei Eigenständigkeit und Eigenverantwortung gefordert. Eine neue Ethik im Wertesystem der Individualisierung entstehe dadurch, dass jeder zuerst „Pflichten gegenüber sich selbst" (Beck 1986, 157) habe. Beck sieht aber dennoch nicht das „Zeitalter des Narzissmus" (Lasch 1979) angebrochen: „Diese neuen Wertorientierungen werden daher auch leicht als Ausdruck von Egoismus und Narzissmus (miss)verstanden. Damit wird jedoch der Kern des Neuen, der hier hervorbricht, verkannt. Dieser Prozess richtet sich auf Selbstaufklärung und Selbstbefreiung als eigentätigen, lebenspraktischen Prozess, dies schließt die Suche nach neuen Sozialbindungen in Familie, Arbeit und Politik mit ein" (Beck 1986, 157).

Der Narziss liebt sein eigenes Spiegelbild. Sich spiegeln bedeutet einen Blick auf sich selbst und ist mit einer Wertung verbunden. Sich spiegeln bedeutet aber auch, sich in den Augen der anderen widerzuspiegeln. Es geht dabei nicht nur um das schöne Äußere, sondern auch um Fragen der Vergänglichkeit. Singles definieren das Altern als problematisch. Gespiegelt wird das gesellschaftliche Bild über den „alternden, einsamen Single", der zur gesellschaftlichen Last wird.

7 Als Single leben

Das Phänomen Single wird in den Medien als „Trend" definiert. Für meine Respondenten ist es ein Schlagwort, das sowohl den Traum von der Unabhängigkeit impliziert, als auch die Angst vor der Einsamkeit. Fragt man nach den verbindlichen Merkmalen, so stellt man fest, dass sich das „postmoderne Erscheinungsbild" (Katschnig-Fasch 1998, 310) des Singlelebens analysierbaren Kriterien zunächst entzieht. Volkskundliche und soziologische Singlelebensstilstudien der 90er-Jahre (Krüger 1990, Nonino 1994, Baumgarten 1996, Kern 1998) kommen übereinstimmend zu dem Ergebnis: Den Prototyp des Singles gibt es nicht. „Die Gründe für ein Alleinleben sind so vielschichtig wie die Konzepte, mit denen sie zurechtkommen" (Nonino 1994, 79). Meine Fallballspiele zeigen Singles im Kontext sozio-kultureller Veränderungen.

Die Anerkennung des Single-Status

In meiner Untersuchung zu Singles in Romanen konnte ich aufzeigen, dass Romanautoren Zeitzeugen sind, deren Aussagen als anthropologische Quellen genutzt werden können. Als Repräsentanten ihrer Kultur und Zeit betrachten Thomas Mann oder Max Frisch den Single unter dem Blickwinkel der *bürgerlichen Werte*. Diese manifestieren sich vom Beginn des 20. Jahrhunderts bis Mitte der 60er-Jahre in Hochachtung vor individueller Leistung und Arbeit, dem daraus abgeleiteten Anspruch auf entsprechendes Einkommen, in sozialem Ansehen, in Bildung, die Respekt für Wissenschaft und Kunst beinhaltet und in der Bedeutung der Familie. Es herrscht das Ideal einer „verantwortungsbewussten Männlichkeit". Die Bestimmung der Frau ist die Familie. Privates und Intimes wird verschwiegen. Der männliche Single wird nur dann gesellschaftlich anerkannt, wenn er sein bürgerliches Glück einem höheren Ziel – der Kunst, der Berufung – widmet. Versuche, der bürgerlichen Existenz zu entkommen, enden tragisch.

In den 70er und 80er-Jahren sehen weibliche Autorinnen wie Ingeborg Bachmann oder Svende Merian eine Zeit des kulturellen Umbruchs. Die neuen Werte lauten Autonomie, Aufbruch, Selbsterfahrung, Selbstverwirklichung, Identität, neues Bewusstsein. Eine Lockerung der gesellschaftlichen Strukturen hat den Effekt, dass Intimes für die Allgemeinheit interessant wird, als Widerstand gegen Kontrolle und fixierte Geschlechterrollenverteilung.

Seit den 90er-Jahren zeigen junge Frauen die Möglichkeiten auf, die eine „selbstentworfene Biographie" (Beck-Gernsheim) bietet. Schriftstellerinnen wie Gaby Hauptmann oder Ildikó von Kürthy tragen den Kriterien jung, bunt, witzig besonders Rechnung; von Kürthy bedient sich darüber hinaus des Klischees der Hilflosigkeit als Bestandteil weiblicher kultureller Identität. Für die Autorinnen und ihre Protagonisten ist das Erfolgskriterium „Spaß haben".

Der „typische Single"

Meine Untersuchung zu Singles in den Medien belegt: Das Bild des „typischen Singles" im 21. Jahrhundert ist ein Produkt der Werbewirtschaft. Es hat sich in den Köpfen fest etabliert. Der finanziell potente, genussorientierte „typische Single" ist der ideale Konsumententyp, der mit einem maßgeschneiderten Produktangebot umworben wird. Der „echte Single" ist finanziell unabhängig, hat sich freiwillig zu dieser Lebensform entschieden, ist kontaktfreudig, kennt keine sexuellen Tabus und kompensiert fehlende familiäre Sozialbeziehungen durch ein gut organisiertes Netz von Freunden. Der „temporäre" oder „suchende" Single genießt, solange er noch frei und ungebunden ist. Sein Ziel ist, nach einer Phase des „Auslebens", wieder in die „Normalität" der Partnerschaft zurückzukehren. Es wird ein Lebensstil vorgestellt, der sich explizit auf den Gruppenzusammenhang beschränkt, den er zu repräsentieren sucht. Es wird ein Bild vermittelt, als seien Güterkonsum und Lebensstilisierungen unabhängig von entsprechenden Ressourcen in das „Belieben des Geschmacks" (Schulze) gestellt.

In der gegenwärtigen Lebenssituation sind für alle Respondenten die ökonomischen bzw. materiellen Ressourcen zwingende Voraussetzung. Selbstorganisation und materielle Absicherung sind nur dann möglich, wenn eine sinnvolle Tätigkeit mit einer angemessenen Bezahlung die Möglichkeit bietet, individuelle Freiheit auch zu leben.

Das Merkmal des „echten" Singles ist die Freiwilligkeit des Singlelebens. Freiheit wird definiert als „sich frei bewegen zu können" (Jens), ist Lebenseinstellung, ist der Karriere förderlich, ist Voraussetzung für Erfolg im Beruf. Freiheit bedeutet innerhalb einer Partnerschaft „autonom zu bleiben" (Jens), d. h. freie Entscheidungen zu treffen, wann, wo und wie man sich treffen will – in Absprache mit der Partnerin.

Das Merkmal des „bekennenden" Singles ist: Ständige Suche nach neuen Kontakten, Angst vor Langeweile, Bindungsunfähigkeit (Gregor). Identitätsstiftend ist der Beruf, nicht die Partnerschaft. Fehlende berufliche Erfolge werden kompensiert (bei Gregor durch Statistenrollen im Film- und Medienbereich).

In der Kategorie der „Suchenden" gerät der Begriff Single zum Label für Einsamkeit. Das Single-Dasein ist „unfreiwillig" und kann nicht individuell geplant und genossen werden - privat wie beruflich. Keine Partnerschaft und zu wenig Geld sind Merkmale des „unzufriedenen Single" (Isabell).

„Abwartende" Singles schließen eine Partnerschaft nicht aus, orientieren sich aber am Ideal der „großen Liebe", bei der alles stimmig sein muss. Sie haben sich auf ihr Singleleben eingestellt und warten ab, was passiert. Temporäre Einsamkeit wird als Zeitabschnitt gesehen, in dem es darum geht, „zu sich selbst zu finden" (Corinna, Jörg).

Allein sein können, unabhängig bleiben, kontaktfreudig sein werden von meinen Respondenten als besondere Eigenschaften der Singles genannt. Singles suchen sich Vorbilder, Individualisten mit den Eigenschaften, die sie gerne für sich selbst in Anspruch nehmen würden wie beispielsweise „Falko" oder die „Möwe Jonathan". Dieses Idealbild des Singles ist jung, frei, selbstbewusst, körperlich fit, stark, nicht leicht beeinflussbar, entscheidungsfreudig. Es entspricht dem Bild, das die Medien über den Single entwerfen. Singles definieren für sich selbst, dass sie individuelle Freiheit brauchen. Beziehungen werden als „erträglich" empfunden, wenn es die gleichen Interessen und Ideen gibt. Bei Schwierigkeiten wenden sie sich neuen Menschen und neuen Orten zu. Das knüpft an das Romanbild des „bindungsunfähigen" Singles (Christian Buddenbrook) bzw. des medialen Bildes „Jeder für sich" (*Der Spiegel*) an.

Singles empfinden sich als kooperativ, empathisch und stolz auf ihre Eigenleistungen. Sie suchen in der Arbeitswelt und in ihren privaten Wohn- und Lebensbereichen nach Selbstentfaltungsmöglichkeiten, lehnen sich gegen die Leistungsprinzipien und die Arbeitsethik ihrer Elterngeneration auf und schätzen Werte wie Individualität und Freiheit. Gemeinsam ist ihnen der Wunsch nach Optionalität. Keiner der Befragten will einen Partner „um jeden Preis". Gemeinsam sind auch die Erfahrungen, dass Partnerschaft auf Dauer nicht funktioniert hat, dass das Alleinsein zwar mit Defiziten im emotionellen Bereich verbunden ist, aber dass sie auch alleine „existieren" können. Jeder hat sich seinen eigenen Bereich, seinen Freiraum geschaffen, den er entweder vorerst oder gar nicht mehr aufgeben will. Sehnsucht nach der idealen Partnerschaft konkurriert mit der Angst vor zuviel Nähe, einem Merkmal urbaner Zivilisiertheit. Es geht um die Angst, dem Partner zuviel anzubieten, zuviel von sich selbst zu geben, eine unentrinnbare Wechselseitigkeit zu schaffen, die zur Bedrohung der eigenen Identität werden könnte. Das Bild gleicht dem des „urbanen Singles" (*Frankfurter Rundschau*), dessen Merkmal Optionalität ist.

Singles entwickeln Werte, zu denen kritisches Bewusstsein im Allgemeinen und Umweltbewusstsein im Besonderen gehören. Gesundheit ist ein primärer Wert, der fester Bestandteil ihres Lebensstils ist. Ökologische Verantwortung ist für sie ein „Muss". Dies widerspricht dem Medienbild der „Genussgeneration" (*Der Spiegel*), die nur auf Erlebnisse bedacht ist.

Wesentlicher „Erlebniswert" ist die Bildung, die Aufmerksamkeit im Umgang mit sich selbst und der Umwelt bedeutet. Distinguiertes Benehmen hat für Singles das Motiv der Suche nach Gleichgesinnten und nach sozialer Verantwortung. Dies steht im Gegensatz zum Bild des Singles, der nur auf der Suche nach „warenästhetischen Signalen" (Schulze) ist.

Singles und Esskultur

Institutionen bieten das gemeinsame Kochen für Singles als „neuen, kreativen Erlebniswert" an. Für die Teilnehmer an Kochkursen erlangt der „Herd" eine besondere Bedeutung. Er wird zum Ort der Gemeinschaft, der selbstverständlichen Kommunikation.

In der individualisierten Gesellschaft übernehmen Institutionen nicht nur die Vermittlung von Wissen, sondern knüpfen mit dem Erlebnisangebot des Kochens an das an, was Singles entbehren müssen: ein Gemeinschaftserlebnis. Singles bevorzugen in Lokalen und wenn Gäste kommen frisch zubereitete Speisen. Kochen können gilt nicht nur als Nachweis des „erfolgreichen" Singlelebens, sondern zeigt auch eine „Sehnsucht nach Verlorenem" (Katschnig-Fasch 1998, 354). Diese Glorifizierung alter Zeiten drückt sich auch in der Nachfrage nach alten Kochrezepten aus, wie der Erfolg der Bücher von Scherenberg und Stier (1990) zeigt.

Essen ist für Singles nicht nur Sättigung, sondern stillt auch ihren Hunger nach Kommunikation und ist Bestätigung des eigenen Status. Eine Einladung zum Essen ist eine Möglichkeit, Zugang zu sozialen Netzen zu finden. Essen bedeutet nicht nur Geselligkeit, sondern steht auch für Geschmack und Stil, der den Menschen als „gebildet" auszeichnet. Es dient der Unterhaltung, ist aber auch ein Kriterium für Kennerschaft und Bekenntnis zum selben Lebensstil.

Singles, eine Gruppe von „Mobilen" und „Urbanen"

Um Erlebnis und Gemeinschaft geht es bei Kontakt-Partys für Singles. Südbahnhof und Einkaufszentrum werden zu Orten der Kommunikation. Singles treffen sich in kleinen überschaubaren öffentlichen Räumen und suchen Spaß und das Spielerische. Spät abends verlassen viele von ihnen Frankfurt wieder. Die Stadt Frankfurt ist geprägt von den Mobilen. Alle von mir befragten Singles gehören zu dieser Gruppe. Bei ihrer Typisierung ist „Optionalität, Wahlfreiheit, aktives Unterbewusstsein" (Schilling 1995, 130) ein wichtiges gemeinsames Merkmal. Singles wollen ihre Orientierungs- und Handlungshorizonte über den konkreten Ort hinaus erweitern und die Erfahrung eines „weiteren" Raumes durch reales Handeln erzielen. Sie werden dabei von territoriumsbezogenen Vorstellungsbildern geleitet, die sie eigenen Erfahrungen verdanken oder die sie den Medienberichten entnommen und ihrem lebensweltlichen Wissensvorrat einverleibt haben.

Singles verstehen sich als „Weltbürger" (Jens, Gregor). Sie setzen auf eine (weltmännische) Bildung, erkennen schon am Flughafen Menschen, deren Merkmal Urbanität ist. Urbanität steht für „Anpassungsfähigkeit, Neugierde, Interesse am Weltgeschehen, geistige und körperliche Mobilität; Toleranz gegenüber anderen Kulturen" (Schilling 1995, 130).

Gerade weil Singles sich als „mobil" und „urban" verstehen, brauchen sie ein Heimatgefühl. Sie nutzen ein zeitliches, räumliches Koordinatensystem, um die Identitätsfrage beantworten zu können. Wer bin ich, woher komme ich, wo gehöre ich hin? Als Heimat werden eine bestimmte Region, die Geburtsstadt oder die eigene Wohnung genannt. Heimat ist „Anlaufadresse", aber auch Erinnerung an Geräusche, Gerüche, ein altes Kochrezept der Mutter.

Der neue Lebensentwurf

Als Single zu leben und sich gut zu fühlen setzt einen Typus von Mensch voraus, der sich nicht über Geordnetheit und Voraussehbarkeit definiert, sondern durch den „Zugewinn kreativer Möglichkeiten" (Keupp 1997, 18). Durch Eigenkreativität und Beziehungs- und Verknüpfungsfähigkeit muss der Single sich soziale Ressourcen schaffen, d. h. er braucht ein soziales Beziehungsnetz durch Freunde, Bekannte, Interessengemeinschaften, Vereine etc. Er nutzt sein kulturelles Kapital für Beruf und Freizeit, indem er sich weiterbildet. Auch in der Zeit nach einer Berufstätigkeit werden die Ressourcen genutzt und erweitert, d. h. „geistig und körperlich fit bleiben".

Die von Singles im Wohnen und Lebensstil präsentierten Symbole zeigen Anzeichen eines neuen Lebensentwurfes, ein Gegenmodell zur vertrauten Welt der bürgerlichen Einengung. Kreative Möglichkeiten nutzen bedeutet für sie, sich gut zu fühlen und sich etwas Gutes zu tun, weniger nach außen hin zu zeigen, dass „man sich finanziell etwas leisten kann". Diese neuen Werte zeigen sich in der Wohnungseinrichtung. Die Küche ist spartanisch gehalten, bis auf persönliche Dinge, die eine „Geschichte haben". Auch im Wohnraum wird weniger Wert auf Statussymbole als auf den Bezug gelegt, den die Dinge zu ihrem Besitzer haben. Möbel, wie beispielsweise ein Futon als Bekenntnis zur asiatischen Lebensweise, spiegeln die Lebenseinstellung der Befragten wider. Das Futon wird zum Symbol für

Ruhe und innere Einkehr. Der Körper, die Freiheit, die Natur werden reflektierend als besonderes „Erlebnis" wahrgenommen.

Ritualisierte Handlungen wie Körperkulte, regelmäßige Feste (Matineen, Weihnachtsfeiern) sind selektive Möglichkeiten, sich selbst gut zu tun und Vertrauen und Kontakte zu erhalten und zu pflegen. Täglich schon morgens aus dem Haus zu gehen, hat den Grund, dem einsamen Frühstück zu entgehen, bedeutet aber auch Bewegung in das Singleleben zu bringen. In Schwung bleiben, Leben fühlen, der „Schwäche" entgehen sind Motivationen für Singleaktivitäten.

Während die männlichen Singles das gesamte Selbst in der regelmäßigen sportlichen Anstrengung konzentrieren, entwickeln die älteren Frauen vor allem bei der Planung ihres Urlaubs Energie und Tatendrang. Urlaub ist Flucht vor einsamen Familienfesten wie Weihnachten und problematischem Alltag, ist aber auch der Beweis, dass man (frau) alleine organisieren und aktiv sein kann, aber nicht muss. Die Ziele sind, anders als es beim Familienurlaub mit kleinen Kindern in der Regel der Fall ist, weniger das individuelle Relaxen am Meer als kulturelle und sportliche Aktivitäten mit Gleichgesinnten. Gruppenreisen für Singles ermöglichen Autonomie mit Begleitung, Anschluss an Gleichgesinnte, Vermeidung ungewollt einsamer Mahlzeiten.

8 Da capo

Sechs Jahre später. Diesmal findet kein Sushi-Essen, sondern ein Sonntagsbrunch bei mir statt. Geladen sind „noch immer“, „plötzlich wieder“ und „gewesene“ Singles. Ich bitte meine Gäste ihre spontanen Gefühle zum Thema Single bildlich zum Ausdruck zu bringen.

Die Methode der „Mental Maps“ entwickelten Geographen, um „Images“ zu zeigen „die als mentale Raumpräsentationen bewertete Vorstellungsbilder oder stereotype Raumeinschätzungen sichtbar machen“ (Ploch, 1995, 153). Geographen interessieren sich dafür, wie Menschen konkrete, begrenzte Räume wahrnehmen, mich interessiert die Abstraktion, wie Singles ihre „Welt im Kopf“ zeichnerisch darstellen. Die Interpretation seiner Zeichnung leistet jeder Akteur verbal, um mir ein Entschlüsseln und Verstehen zu ermöglichen.

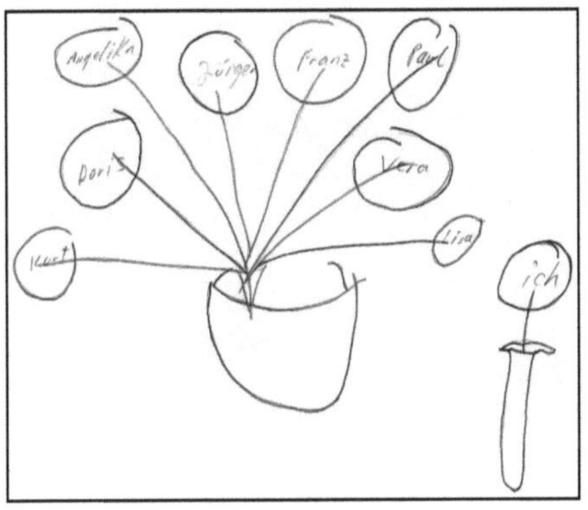

Abbildung 1: Mein Interviewpartner Bert lebt inzwischen in einer festen Partnerschaft in einem gemeinsamen Haus. Er gibt mir seine Mental Map kommentarlos. Ich lese den Titel: „Die Anderen und Ich.“

Abbildung 2: Mara, seine neue Partnerin, beschreibt ihre Singleerfahrungen: „Einmannzelt, einsames Essen mit Buch, kein Kuscheln im Bett, die leere Stuhlreihe im Kino, sie stehen für ‚sich nicht mitteilen können‘. Partnerschaft bedeutet für mich ‚Schönes gemeinsam teilen‘.“

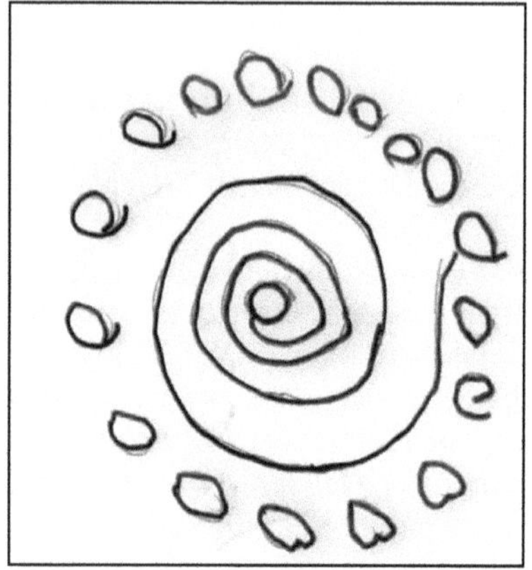

Abbildung 3: Corinna, ebenfalls Interviewpartnerin, ist Single geblieben. Zu ihrem Bild erklärt sie: „Das ist spontan aus mir herausgekommen. Der geschlossene Kreis in der Mitte, das bin ich. Es gibt eine vage Verbindung zu den mich umgebenden anderen Menschen.“

Abbildung 4: Gregor, Interviewpartner und „leidenschaftlicher Single“ betont im Bild „die vielen Optionen eines Singles – Wandern in den Bergen, Schwimmen im Meer, die Sonne genießen. Das Flugzeug bringt mich überall hin. Für mich gibt es einen klar begrenzten, gut ausgebauten Weg nach oben.“

Abbildung 5: Sandra, die ich beim Kochkurs kennen gelernt habe, hat sich gerade von ihrem Partner getrennt. „Mein Bild zeigt, wie ich ihn mit einem Tritt in den Allerwertesten in die Wildnis befördere.“

Abbildung 6: Gabi ist verheiratet und Mutter von zwei kleinen Kindern. Sie hat lange als Single gelebt und Erfahrungen gesammelt. „Das ist *das* Single in der Großstadt. Nicht Mann, nicht Frau steht es vereinzelt im anonymen Raum und jagt dem Glück hinterher."

Abbildung 7: Karl, gerade wieder in einer neuen Partnerschaft, gibt nach eigenen Angaben im Bild seine „innere Zerrissenheit" preis. „Frei nach Shakespeare zeige ich den Riss und die Ratlosigkeit, die durch meine Person geht und zur existentiellen Frage wird: Geborgenheit oder Freiheit; Eigenheim oder Unabhängigkeit; Kinderglück oder Ruhe; eine Partnerschaft oder wieder Single

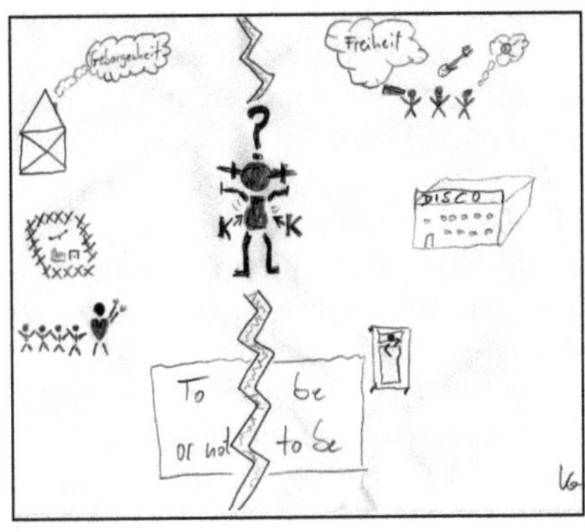

sein."

Abbildung 8: Dina, ebenfalls Kochkursteilnehmerin und frisch geschieden, erläutert: „Es zeigt meine Stimmungsschwankungen. Die Fahne bedeutet Euphorie, die Blume steht für stille Freude. In der Mitte ist meine Hand, die sich aus dem Weg empor streckt, den ich bisher mit dem Partner gemeinsam gegangen bin und der für mich plötzlich abbricht."

Kultur ist Gestaltung. Kulturfähigkeit ist die Kompetenz zur Gestaltung. Kulturelles Handeln ist ein gestaltgebendes, schreibt Greverus (vgl. 1987, 64). Zur kulturellen Gestaltungsfähigkeit des Menschen gehört die Fähigkeit zur Symbolisierung. Der Mensch ist fähig, durch Worte und symbolgebende Gestaltung den Dingen eine Bedeutung zu verleihen. Das kulturelle Phänomen Single zeigt, wie Menschen ihren Ideen, Handlungen, Einstellungen und Objekten (Bildern) einen Sinn verleihen, der *kulturspezifisch*, d. h. in Raum und Zeit und sozialen Gruppen begrenzt ist.

Acht Zeichnungen, acht verschiedene Darstellungen. Gemeinsam ist ihnen die skizzenhafte Gestaltung. Dabei findet sich kein einheitliches Symbol, das, wie beispielsweise die „Ringe" für eine Paarbeziehung, für den Begriff Single steht. Die Mental Maps stellen die Situation des Singles durch Selbstbezüge und Erfahrungen dar. Das Singleleben wird mit inneren Konflikten verbunden, die zeichnerisch als Polaritäten dargestellt werden.

Aufgezeigt werden die Möglichkeiten des Alleinstehenden im Gegensatz zum Leben als Paar (Karl); Optionen, die der Single hat (Gregor) oder sich verschafft (Sandra) und dann doch nicht alleine genießen kann (Mara).

Die Bilder zeigen einen Ich-Welt-Bezug, indem ein „Solitär" einem „Blumenstrauß" (Bert) entgegen gestellt wird. In der metaphorischen Darstellung steht die einzelne in der Vase stehende Pflanze im Gegensatz zum Blumentopf, der viele Sorten von Blumen enthält. „Alles in einen Topf werfen" bedeutet keine Unterschiede zu machen, frei und einzeln stehen bedeutet, auf das Singleleben übertragen, eine Sonderstellung einzunehmen.

Die „Eingrenzungsgeste" (Corinna) weist auf das eigene Territorium des Singles und steht als Zeichen der Abgrenzung. Die darum kreisenden, in sich geschlossenen Einheiten, lassen sich metaphorisch als umzingeln und festsetzen deuten. Dem steht der Wunsch nach Freiraum entgegen.

Hochhäuser (Gabi) stehen als Symbole der Großstadt, in der „Jeder für sich" (*Der Spiegel*) Vergnügen sucht.

Singleleben als Krisensituation wird durch Fahne, Blume und aufgestreckte Hand (Nicole) symbolisiert. Sich „etwas auf seine Fahne schreiben" bedeutet, sich etwas zum Anliegen zu machen und sich vehement dafür einzusetzen. Singleleben wird zur eigenen Herausforderung deklariert. „Plötzlich wieder Single" (*Focus*) entspricht einem „Umtopfen der Blume", bei der neues Wachstum und Leben entstehen kann. Die ausgestreckte Hand kann als Hilferuf gedeutet werden, als Wunsch, etwas festzuhalten oder jemanden wieder besitzen zu wollen.

Ansichten und Einsichten

Ein Text oder ein Bild über das Leben der Singles ist nicht einfach eine Repräsentation von realen Situationen, sondern eine Rekonstruktion von fremden und eigenen Erfahrungen. Ansichten und Einsichten in Single-Welten sind sowohl Abbildungen des Sichtbaren, als auch Gestaltung des Ausgesparten, des Nicht-Gesagten. Das Nicht-Gesagte verweist auf Brüche oder Lücken. Um sie zu füllen, bedarf es der Reflexion der fremden und der eigenen Wahrnehmungswirklichkeit und des Wahrnehmungsvermögens.

Viele Themen werden nicht offen ausgesprochen, vieles nicht zur Schau gestellt. Dazu gehören Aussagen über Sexualität und Intimität genauso wie über Gefühle, die in den eigenen vier Wänden mit sich alleine ausgetragen werden. Es gibt eine unausgesprochene Barriere zwischen Forscherin und Erforschten, auch dann wenn der Beobachter zum Teilnehmer oder der Teilnehmer zum Beobachter wird. Der Forscher schlüpft in verschiedene Rollen, er wird zum „Akteur", „Mitspieler", „Voyeur", darf aber nicht „Vertrauter" werden, weil er dann seine Objektivität verliert, die für den Schritt von der persönlichen Betrachtungsweise zur gesellschaftlichen Analyse notwendig ist. Dabei ist es wichtig, bei der eigenen Fragestellung zu bleiben, die in meiner Untersuchung nicht dem persönlichen Schicksal von allein Lebenden galt, sondern ihren Chancen und Bedingungen in einer Gesellschaft, in der ihr Lebensstil noch nicht als „normal" angesehen wird.

Die Beschreibung des Singlelebens ist nicht nur Beobachtung von Gehörtem, Gesagtem und Gesehenem, sondern lebt vor allem von Stimmungen. Das Gehörte tritt zu Vorstellungen in Beziehung, die dem Sehen und Hören vorausgehen. Stimmungen sind Wahrnehmungen die dem kollektiven Vorrat an Vorstellungen entstammen, darum ist es möglich, Alltägliches intuitiv zu erfassen. Einblicke in Lebenskonzepte und Lebenswelten von Singles zeigen Momentaufnahmen von Inszenierungen. Sie sind Repräsentationen dessen, wie Akteure sich selbst in Szene setzen und enthalten Reduktionen dessen, was „geheim" bleiben soll.

Bei meinem entstehenden Text nahm ich Rückgriff auf eine gesellschaftlich konstruierte theoretische Wirklichkeit und versuchte, diese mit den mir geschilderten Bedingungen der Akteure zu verknüpfen. Bei der schriftlichen oder bildlichen Darstellung bleibt die Frage der „richtigen" oder „eindeutigen" Interpretation. Das Singleleben zu erfassen bedeutet für mich, *nicht eindeutige* Seh- oder Lesarten zu präsentieren, sondern die Möglichkeit, sie auf vielfältige Weise zu entschlüsseln oder zu interpretieren. Der Versuch, das Nicht-Gesagte zu erfassen und Inszenierungen zu dechiffrieren, bedarf der Inspiration.

9 Literaturverzeichnis

Allport, Gordon W. (1971): Die Natur des Vorurteils. Köln

Ariés, Philipp (1975): Geschichte der Kindheit. München

Augé, Marc (1994): Orte und Nicht-Orte. Vorüberlegungen zu einer Ethnologie der Einsamkeit. Frankfurt am Main

Bach, Richard (1987): Die Möwe Jonathan. Darmstadt

Bachmann, Ingeborg (1997): Malina. Frankfurt am Main

Baumgarten, Katrin (1996): Hagestolz und alte Jungfer: Entwicklung, Instrumentalisierung und Fortleben von Klischees und Stereotypen über Unverheiratetgebliebene. Int. Hochschulschriften; Bd. 240, Freiburg (Breisgau), Univ., Diss.

Beck, Ulrich (1986): Risikogesellschaft. Auf dem Weg in eine andere Moderne. Frankfurt am Main

Beck, Ulrich (1995): Die „Individualisierungsdebatte". In Schäfers, Bernhard (Hg.): Soziologie in Deutschland. Entwicklung – Institutionalisierung und Berufsfelder – Theoretische Kontroversen. Opladen, 185 - 198

Beck Ulrich, Beck-Gernsheim, Elisabeth (1990): Das ganz normale Chaos der Liebe. Frankfurt am Main

Beck-Gernsheim, Elisabeth (1983): Vom „Dasein für andere" zum Anspruch auf ein Stück „eigenes Leben": Individualisierungsprozesse im weiblichen Lebenszusammenhang. In: Soziale Welt 34, 307 - 340

Beck-Gernsheim, Elisabeth (1986): Von der Liebe zur Beziehung? Veränderungen von Frau und Mann in der individualisierten Gesellschaft. In: Berger, J. (Hg.): Die Moderne – Kontinuitäten und Zäsuren. Soziale Welt, Sonderband 4, Göttingen, 209 - 233

Bourdieu, Pierre (1982): Die feinen Unterschiede. Kritik der gesellschaftlichen Urteilskraft. Frankfurt am Main

Brüderl, Leokadia, Paetzold, Bettina (1992): Beruf und Familie: Frauen im Spagat zwischen zwei Lebenswelten. Sindelfingen und Bamberg

Brüggemann, Beate, Riehle, Rainer (1986): Das Dorf. Über die Modernisierung einer Idylle. Frankfurt und New York

Bubrowski, Philine (Internet 2000): Ingeborg Bachmann, „Simultan"

Dunkel, Elizabeth (1988): Der Fisch ohne Fahrrad. München

Frisch, Max (1971): Tagebuch 1946-49. München

Frisch, Max (1957): Homo faber. Ein Bericht. Frankfurt am Main

Gerhard, Ute (1990): Unerhört. Die Geschichte der deutschen Frauenbewegung. Reinbek bei Hamburg

Giddens, Anthony (1992): Wandel der Intimität. Sexualität, Liebe und Erotik in modernen Gesellschaften. Frankfurt am Main

Giddens, Anthony (1996): Konsequenzen der Moderne. Frankfurt am Main

Greverus, Ina-Maria (1987): Kultur und Alltagswelt. Eine Einführung in Fragen der Kulturanthropologie. Frankfurt am Main. Kulturanthropologie-Notizen, Bd. 26

Greverus, Ina-Maria (1998): Frankfurt am Main. Die „Orte" sind die Stadt. In: Ina-Maria Greverus u. a. (Hg.): Frankfurt am Main: Ein kulturanthropologischer Stadtführer. Frankfurt am Main. Kulturanthropologie-Notizen, Bd. 62

Hauptmann, Gaby (1997): Suche impotenten Mann fürs Leben. München

Kaufmann, Jean-Claude (2002): Singlefrau und Märchenprinz. Über die Einsamkeit moderner Frauen. Konstanz

Katschnig-Fasch, Elisabeth (1998): Möblierter Sinn – Städtische Wohn- und Lebensstile. Wien

Kern, Jutta (1998): Singles. Biographische Konstruktionen abseits der Intim-Dyade. Opladen und Wiesbaden

Keupp, Heiner (1997): Diskursarena Identität: Lernprozesse in der Identitätsforschung. In: ders. und Höfer, Renate: Identitätsarbeit heute. Klassische und aktuelle Perspektiven der Identitätsforschung. Frankfurt am Main

Kittlaus, Bernd (Internet 2000): Das Single-Dasein. Leistungen und Grenzen von Begriffstraditionen und Typologien

Kleinspehn, Thomas (1989): Warum sind wir so unersättlich? Über den Bedeutungswandel des Essens. Frankfurt am Main

Kluge, Friedrich (1995): Etymologisches Wörterbuch der deutschen Sprache. Bearbeitet von Elmar Seebold. Berlin, New York

Klös, Peter (1997): Nachbarschaft: Neue Konzepte – alte Sehnsüchte? In: Schilling, Heinz (Hg.): Nebenan und Gegenüber. Nachbarn und Nachbarschaften heute. Frankfurt am Main. Kulturanthropologie-Notizen, Bd. 59, 13 - 25

Krüger, Dorothea (1990): Alleinleben in einer paarorientierten Gesellschaft. Eine qualitative Studie über die Lebenssituationen und das Selbstverständnis 30- bis 45-jähriger lediger, alleinlebender Frauen und Männer. Pfaffenweiler

Lasch, Christopher (1979): Das Zeitalter des Narzißmus. München

Mann, Thomas (1930): Buddenbrooks. Verfall einer Familie. Berlin

Mann, Thomas (1954): Der Tod in Venedig. Frankfurt und Hamburg

Mayring, Philipp (1990): Einführung in die qualitative Sozialforschung. München

Merian, Svende (1984): Der Tod des Märchenprinzen. Reinbek bei Hamburg

Nolda, Sigrid (1996): Interaktion und Wissen. Eine qualitative Studie zum Lehr-, Lernverhalten in Veranstaltungen der allgemeinen Erwachsenenbildung. Deutsches Institut für Erwachsenenbildung. Frankfurt am Main

138

Nonino, Carolin (1994): Singles in Augsburg. Leben und Alltag alleinlebender Männer und Frauen zwischen 23 und 33 Jahren. Eine empirische Studie. MA-Arbeit
Volkskunde Augsburg

Nußbeck, Ulrich (1994): Schottenrock und Lederhose. Europäische Nachbarn in
Symbolen und Klischees. Berlin

Ploch, Beatrice (1995): Die Symbolisierung der eigenen Welt. Das Raumorientie-
rungsmodell als Schlüssel zu den Mental Maps. In: Schilling, Heinz, Beatrice
Ploch (Hg.) (1995): Region. Heimaten der individualisierten Gesellschaft.
Frankfurt am Main. Kulturanthropologie-Notizen Bd. 50, 153 - 181

Römhild, Regina (1998): Die Macht des Ethnischen. Grenzfall Rußlanddeutsche.
Perspektiven einer politischen Anthropologie. Frankfurt am Main

Rötzer, Florian (Internet 2000): Von der Risikogesellschaft zur Möglichkeitsgesell-
schaft. Florian Rötzer im Gespräch mit dem Soziologen Ulrich Beck

Saint-Exupéry, Antoine de (1943): Der kleine Prinz. Neuauflage 1979 Düsseldorf

Sälzer, Sabine, Dickhaut, Sebastian (1999): Basic cooking. o. O.

Scherenberg, Michaele, Stier, Karl-Heinz (1990): Hessen à la carte. Frankfurt am
Main

Schilling, Heinz (1990): Einleitung: Die unmögliche Frage: Was ist Urbanität? In:
ders. (Hg.): Urbane Zeiten. Lebensstilentwürfe und Kulturwandel in einer Stadt-
region. Frankfurt am Main. Kulturanthropologie-Notizen Bd. 34, 9 - 13

Schilling, Heinz, Beatrice Ploch (Hg.) (1995): Region. Heimaten der individualisierten Gesellschaft. Frankfurt am Main. Kulturanthropologie-Notizen Bd. 50

Schilling, Heinz (1996): Vorlesungsskript „Öffentlichkeit und Privatheit". Sommer-
semester 1996 (unveröffentlicht)

Schilling, Heinz. (Hg.) (1997): Nebenan und Gegenüber. Nachbarn und Nachbarschaften heute. Frankfurt am Main. Kulturanthropologie-Notizen Bd. 59.

Schilling, Heinz (1999): Vorlesungsskript „Kleinbürger als Kulturtypus". Sommer-
semester 1999 (unveröffentlicht)

Schulze, Gerhard (1993): Metamorphosen der Sozialwelt seit den fünfziger Jahren.
Institut für Sozialforschung der Johann Wolfgang Goethe-Universität Frankfurt,
Mitteilungen Heft 2, Februar 1993

Schulze, Gerhard (1997): Die Erlebnisgesellschaft. Kultursoziologie der Gegenwart.
Frankfurt, New York

Schütz, Alfred (1975): Strukturen der Lebenswelt. Neuwied, Darmstadt

Sennett, Richard (1998): Der flexible Mensch. Berlin

Simmel, Georg (1977): Philosophie des Geldes. Berlin

Statistisches Bundesamt (Internet 2006): Datenreport „Die Familie im Spiegel der
amtlichen Statistik". Bonn

Szczesny-Friedmann, Claudia (1991): Die kühle Gesellschaft. Von der Unmöglichkeit der Nähe. München

Veblen, Thorstein (1986): Theorie der feinen Leute. Eine ökonomische Untersuchung der Institutionen. Frankfurt am Main

Vester, Michael, Oertzen von, Peter, Geiling, Heiko (1993): Soziale Milieus im gesellschaftlichen Strukturwandel. Zwischen Integration und Ausgrenzung. Köln

von Kürthy, Ildikó (2005): Mondscheintarif. Reinbek bei Hamburg

Weber, Max (1972): Gesammelte Aufsätze zur Religionssoziologie Bd. 1, 6. Aufl. Tübingen

Welz, Gisela (1991): Street life. Alltag in einem New Yorker Slum. Frankfurt am Main: Kulturanthropologie-Notizen Bd. 36

Zeitschriften, Zeitungen

Bankhofer, Hademar (1997): Bewußter und gesünder leben. Junge Singles werden oft einsame Alte. Apotheken Umschau, Rubrik: Leben und genießen

Beier, Wolfgang, Schmincke, Polly (1999): Singles – „Pioniere der Moderne". In: Der Spiegel Heft 26, 108 - 114

Bornstein, Julia (2006): Schnuller für die Augen. In: Der Spiegel Heft 10, 132 - 134

Gatterburg, Angela, Matussek, Matthias, Wolf, Martin (2006): Unter Wölfen. Wenn Kinderlosigkeit zur Leitkultur wird. In: Der Spiegel Heft 10, 76 - 84

Journal Frankfurt (2000): Fisch sucht Fahrrad, 04/00

Karasek, Hellmuth (1991): Der Schock, ein anderer zu sein. Spiegel-Redakteur Hellmuth Karasek über die Homosexualität Thomas Manns. In: Der Spiegel Heft 46, 317 ff

Koelbl, Susanne, Mohr, Reinhard (1999): „Es geht ums Orgiastische". In: Der Spiegel Heft 26, 115 – 116

Jutzi, Sebastian, Kowalski, Matthias (2006): Urlaub – suchen, surfen, buchen! In: Focus Heft 11, 125 - 133

Mischke, Roland (1998): Wie die Motten das Licht. XXL-Restaurants werden zum Massentreff. In: Frankfurter Rundschau, 10. Januar 1998

Menne, Marion, Strack, Christoph (2000): Geld und Liebe – beides macht glücklich. Die Wissenschaft spürt dem höchsten aller Gefühle nach/Gedankenloses Fließen zwischen Langeweile und Angst. In: Frankfurter Rundschau, 19. Januar 2000

Nele Bode, Katja (1998): Plötzlich wieder Single. In: Focus Heft 46, 250 – 258

Schilling, Heinz (1996): Jeder Mensch hat eine Heimat, hat seine Heimat. In: Oberhessische Zeitung, 29. Juni 1996, 11

VHS, Kreisvolkshochschule und die örtlichen Volkshochschulen (1999, 2006): Programmheft 2. Halbjahr 1999. Programmheft 1. Halbjahr 2006